| 大学五书 |

大学新语

陈平原 著

图书在版编目（CIP）数据

大学新语 / 陈平原著. — 北京：北京大学出版社，2016.5
（大学五书）
ISBN 978-7-301-26946-6

Ⅰ.①大… Ⅱ.①陈… Ⅲ.①高等教育 – 研究 Ⅳ.①G64

中国版本图书馆CIP数据核字（2016）第032592号

书　　名	大学新语 Daxue Xinyu
著作责任者	陈平原 著
责任编辑	于铁红
标准书号	ISBN 978-7-301-26946-6
出版发行	北京大学出版社
地　　址	北京市海淀区成府路205号　100871
网　　址	http://www.pup.cn　新浪微博：@北京大学出版社 @培文图书
电子信箱	zpup@pup.cn
电　　话	邮购部62752015　发行部62750672　编辑部62750112
印刷者	北京市松源印刷有限公司
经销者	新华书店
	889毫米×1194毫米　32开本　11.25印张　175千字
	2016年5月第1版　2016年5月第1次印刷
定　　价	48.00元

未经许可，不得以任何方式复制或抄袭本书之部分或全部内容。
版权所有，侵权必究
举报电话：010-62752024　电子信箱：fd@pup.pku.edu.cn
图书如有印装质量问题，请与出版部联系，电话：010-62756370

目 录

"大学五书"小引 / 001
自序 / 003

第一辑 大学现状

当代中国大学的步履与生机 / 007
三说"拓展 211" / 017
如何兼及咨询与监督 / 039
——从"章程"看大学与社会之关系
要"项目"还是要"成果" / 046
假如我办"燕京学堂" / 054
我眼中的内地与香港的高等教育 / 066
中国私立大学的现状及出路 / 080
现代中国大学的六个关键时刻 / 094
关于"人才养育"的十句话 / 131

第二辑 大学周边

当代中国的人文学 / 141

我看"原始创新" / 164
"道不同",更需"相为谋" / 172
　　——中美人文对话的空间与进路
"大师"如何诞生 / 181
大学和传媒,彼此也该唱唱黑脸 / 190
一个文学教授眼中的中国传媒 / 196
报章与潮流 / 212
我为什么跨界谈建筑 / 223
　　——从"老房子"说到"新文化"
战时中国大学的风采与气象 / 232
从"大侠"到"大学" / 243
　　——香港文化形象的嬗变
弹性的"经典"与流动的"读者" / 252

第三辑　大学人物

"学者百年"与"百年学者" / 269
八十年代的王瑶先生 / 274
作为山西学人的王瑶先生 / 298
患难见真情 / 304
　　——追记两种王瑶图书的刊行

学术史视野中的王瑶先生 / 307
　　——答张丽华博士问
与程千帆先生对话 / 323
结缘河南大学与任访秋先生 / 330
再说夏志清的"小说三史" / 340
"活到老,写到老"的来新夏先生 / 346
很遗憾,没能补好台 / 349

"大学五书"小引

陈平原

不提撰写博士论文时如何邂逅晚清及五四的大学教育,就从1996年春夏编《北大旧事》说起,二十年间,我在自家专业之外,持续关注中国教育问题,竟然成了半个"大学研究"专家。

我之谈论大学问题,纵横文学与教育,兼及历史与现实,包容论著与时评,如此思路与笔墨,说好听是"别有幽怀",说不好听则是"不够专业"。好在我不靠这些文章评职称,故不太在乎学院派的态度。

作为业余教育史家的我,多年前曾说过:"从事学术史、思想史、文学史的朋友,都是潜在的教育史研究专家。因为,百年中国,取消科举取士以及兴办新式学堂,乃值得大书特书的'关键时刻'。而大学制度的建立,包括其蕴含的学术思想和文化精神,对于传统中国的改造,更是带根本性的——相对于具体的思想学说的转移而言。"这也是我不避讥讽，时常"野叟献曝"，且长枪短棒一起上的缘故。

正因不是学术专著，没有统一规划，先后刊行的各书，呈犬牙交错状态。趁《抗战烽火中的中国大学》出版之际，将我此前在北大出版社刊行的四册有关大学的书籍重新编排，作为"大学五书"推出。其中《老北大的故事》大致稳定，《读书的"风景"》只删不增，调整幅度较大的是《大学何为》和《大学有精神》。

很多年前，我在《北大精神及其他》（上海文艺出版社，2000年）的"后记"中称："这是一个能够调动研究者的激情与想象力、具备许多学术生长点的好题目，即便山路崎岖，前景也不太明朗，也都值得尝试。"今天依然故我，只要机缘成熟，还会深度介入教育话题。

因此，"大学五书"只是阶段性成果，但愿日后还有更精彩的表现。

2015年5月18日于京西圆明园花园

附记：考虑到去年第三次印刷的《读书的"风景"》仍在销售，"大学五书"改收新编的《大学新语》。特此说明。

2015年10月28日

自 序

去年年初,我为《明报月刊》撰写"新春寄语"(《明报月刊》2014年2月号),称过去的一年,我在北京的《新京报》及香港的《明报》开专栏,谈论"我眼中的北大与港中大",结集为《大学小言》,交京、港两地的三联书店分别刊行;在新的一年里,仍将继续"关注教育问题"。

今年二月,完成酝酿多年的《抗战烽火中的中国大学》,我在"绪言"中留下一句:"仅以此小书,纪念伟大的中国人民抗日战争胜利七十周年。"可书出版后,我再三提及,希望自己的工作能超越"纪念图书"。换句话说,再过十年二十年,这本从教育史角度切入,但兼及政治史与心态史的"小书",还能经得起读者的品鉴与批评。

我谈"大学",大致采取以下三种策略:以大学为主,兼及中学；以历史为主，兼及当下；以论文为主，兼及随笔。之所以如此锲而不舍，那是因为，我认定"借梳理20世纪中国大学的历史、文化及精神，探讨何为值得追怀与实践的'大学之道'"，是个很诱人的题目。

如今奉献给读者的，是集合近年所撰30篇论文、评论及随笔的《大学新语》。书分"大学现状""大学周边""大学人物"三辑，希望在历史与现实的对照与碰撞中，展开对于"大学之道"的深入思考，为中国教育改革提供借鉴。

本书最终取代《读书的"风景"——大学生活之春花秋月》，成为"大学五书"的收官之作，有点偶然；但就学术视野的拓展而言，由大学史论深入到政策制定及精神传统的探讨，也自有其合理性。在这个意义上，"大学五书"确实只是阶段性成果。

至于何时模仿"前度刘郎"，前来观赏"桃花净尽菜花开"的大好景色，取决于自家学识及心境，也依赖某种外在机缘。

2015年11月26日于京西圆明园花园

第一辑
大学现状

当代中国大学的步履与生机

谈论当代中国大学，国内与国外、校内与校外、学界与媒体，从来都是众说纷纭。各方之所以争论不休，缘于各自的立场、视野及利益。我的基本判断是：当代中国大学既步履艰难，又生机勃勃，其最大障碍在于其很难承受政府及公众迅速"世界一流"的期待，在"急起直追"的过程中，因求胜心切而脚步变形。

理解当下的中国大学，必须关注一个特殊的年份——1998年。那一年有两件大事，对当下的中国高等教育影响巨大。一是1998年5月4日，时任国家主席江泽民在北京大学百年校庆纪念大会上提出了建设世界一流大学的目标。由此产生了一个我们今天都熟悉的名词——"985"大学。最初确定重点支持北大、清华，后扩展到复旦、南大、浙大、中国科技大、上海交大、西安交大、哈工大。虽然日后列入"985工程"的大学扩展到39所，但核心部分还是2+7。二是经历1998年的亚洲经济危机，中央政府制定了以"拉动内需、刺激消费、促进经济增长、缓解就业压力"为目标的大学扩招计划，第二年开始正式实施。1998年录取普通高校本专科新生108万人，而第二年扩招52万人，变成了160万人，增幅达48%。此后连年扩招，到2012年录取685万人后，才基本保持稳定。

也就是说，最近这十六年，中国的高等教育其实是两条腿走路：一是努力做强，追赶世界一流；一是尽量做大，扩大办学规模。应该说，两条腿都在用力，也都很有成效，可惜努力的方向不一样，有时甚至互相拆台。

先看几组数字：国家统计局近日发布《2014年国民经济和社会发展统计公报》，称2014年中国普通本专科在校生2547.7万人，毕业生659.4万人；在学研究生184.8万人，毕业生53.6万人。换句话说，在校大学生及研究生总人数达到2732.5万——这等于一个中等国家的人口。中国人口基数大，加上原先高等教育不发达，如今突然发力，很快地在校大学生人数居世界第一，这一点都不奇怪。但大学生毛入学率（即同龄人中能够上大学的人口）的迅速提升，从1998年的10%，上升到2013年的34.5%（见教育部 2014 年 7 月发布的《2013 年全国教育事业发展统计公报》),且还在不断攀升,这可是十分可观的变化。

当初选择大规模扩招,政治家考虑的是国企改制及经济转型制导致大规模下岗(1997 年全国下岗人员 2115 万人),希望年青一代能延迟就业;经济学家的眼光则盯住老百姓的钱袋子,扩招可拉动内需,激励经济增长。至于教育家担心的教学质量下降,反而显得小儿科了。我当初批评此举如击鼓传花,只是将就业的压力往下递送——扩招以后呢?读完本科找不到合适的工作,那就读硕士;读完硕士找不到合适的工作,那就读博士;博士毕业还找不到工作,那就再往博士后那边挤一挤——可这些人总有一天要进入就业市场的。过于迅猛的大学扩招,使得就业市场十分严酷,日后可能影响社会安定;而且,高中毕业生愿意做的事,博士不见得愿意、也不一定能做好(陈平原:《我看"大学生就业难"》,《北京大学教育评论》2004 年第 4 期)。另外,这种跨越式发展思路,求量不求质,而走得太快太急,也很容易翻车,这实在让人担忧(陈平原:《解读"当代中国大学"》,《现代中国》第十一辑,北京大学出版社,2008 年 9 月)。

办教育是需要大笔钱的,而中国经济的持续高速增长,为此提供了可能性。但这需要观念的转变,即国家需要加大教育投入。1993年,中国政府发布《中国教育改革和发展纲要》,首次提出国家财政性教育经费的支出在20世纪末占国内生产总值(GDP)的比例应该达到4%。而实际情况呢？1998年是2.59%,此后起起伏伏,从来没有达标,故每年两会期间都成为重点批评对象；终于在2012年第一次实现此战略目标,达到4.28%,2013年则是4.30%,今年3月李克强总理做工作报告,也称"经过努力,全国财政性教育经费支出占国内生产总值比例超过4%"。单说比例还不够,另一个因素同样重要,那就是从1998年至2014年,GDP连续高速增长,最高的年份达14.16%(2007年),最低的也有7.4%(2014年)。蛋糕越做越大,最近十几年,政府确实在教育上投入了较多的经费。而在切分蛋糕时,中国大学——尤其是进入"211""985"工程的大学——所得到的经费支持,与上世纪八九十年代相比,几乎不可同日而论。

今天的中国大学,有更多的钱可以盖大楼、买设备、聘教授,以及开展各种国际合作等。因此,说近年中国第一梯队的大学在科研上有明显长进,我相信凡关注中国教育的人都同意。但这里必须暂时搁置两个问题：第一,当大学发展与地方官员政绩、房地产商利益以及城市规划目标捆绑在一起时,会出现新的偏差(如各地涌现的大学城);第二,有钱是好事,但好钢不一定都用在了刀刃上,近年中国大学颇多贪污受贿、好大喜功、效率低下等负面新闻。

尽管有诸多不如人意,但近年中国大学的国际排名在迅速提升,这也是毋庸置疑的事实。2004 年,《泰晤士报高等教育增刊》全球大学最新排行榜,北京大学名列亚洲第二,全球第 17,国内媒体蜂拥而上,北大也很是得意。我马上写文章称这个排名所肯定的,不是北大的科研成果,而是中国在变化的世界格局中所具有的重要性。中国在崛起,而且在全球事务中发挥越来越大的作用;学者们在关注中国的同时,也在关注中国的高等教育。这就有意无意地提高了中国大学的学术声誉(陈平原:《大学排名、大学精神与大学故事》,《教育学报》2005 年第 1 期)。第二年,北大跳了两级,排世界 15,超过了东京大学,亚洲第一;这连北大都感觉不太对劲,不怎么宣传了。2006 年,北大更上一层楼,排 14;2007 年,从第 14 跌至第 36,像坐过山车一样,惊心动魄。而去年 10 月公布的 2014—2015 年最新世界大学排名,北大 48,清华 49,大家都已经麻木了,连议论都懒得议论。对于大学排名,教授往往嗤之以鼻,校长们则不敢掉以轻心。不谈中国大学的教学及科研是否真的有那么好,我关注的是其"声誉"确实在迅速提升。

回过头来看这一百多年的中国现代大学史,有两处路走得比较顺畅,一是1928—1937年;再就是1998—2014年。其他的年份虽也有若干亮点,但往往是起伏不定。最近十六年的争创一流与大学扩招,二者高低搭配,各有各的道理。身在其中者,很容易发现诸多积弊,因而怨声载道;但若拉开距离,其雄心勃勃与生气淋漓,还是很让人怀念的。

之所以如此立说,因我隐约感觉到,今年很可能是个转折点;中国大学接下来的走向,很值得仔细观察。这里有四个看点,提醒诸位关注:第一,此前强调与国际接轨、向世界一流大学迈进;近期则重提"社会主义大学",以及要求审查各大学使用的西方原版教材,不知有无更多的后续效应。第二,教育部最近一两年在积极推动600多所地方本科高校向应用技术以及职业教育转型,这大方向是对的,可惜慢了好几拍;前些年学校纷纷升级时没有拦住,如今积重难返,才来个急转弯,不知会不会出现动荡。第三,对于政府切分教育经费时过分倾向于高等教育(尤其是名校),舆论批评很强烈;基于教育公平的考量,接下来政府很可能调整策略。第四,民办(私立)大学的未来值得关注——最后一点容易被忽视,因而想多说几句。

由于中国特殊的国情,人们谈论大学时,往往只关注国立(公立)大学,很少将最近三十年逐渐崛起的私立大学(或曰民办大学)纳入视野。而这一习惯思维,在我看来必须纠正。先看去年七月教育部发布的《2013年全国教育事业发展统计公报》:全国共有普通高等学校2491所(含独立学院292所);其中本科院校1170所,高职(专科)院校1321所。在另一个地方,公报提及"民办教育":全国共有民办高校718所(含独立学院292所),在校生557.52万人,其中硕士研究生335人。这里有几点值得注意:第一,今天中国,十个大学生中有两个以上是在民办(私立)大学读书的;第二,民办大学也在逐渐升级,如今少量学校可招收硕士生(虽然刚起步,数量很少);第三,292所"独立学院"被明确划为"民办教育",不再说是"公有民办"了。第四,前景很好的中外合办大学目前数量很少,故还没有进入统计。

此前中国的民办(私立)大学,"全靠学生学费,加上银行贷款,这样的财政状况,不可能在学术研究上投入过多,因而也就很难迅速提高教学及研究水平"(陈平原:《我们需要什么样的大学》,《书城》2005年第9期)。随着独立学院的转型,会出现一批教学质量较好的民办(私立)大学。而中外合作办学,不再局限于具体项目,而是扩展到独立办学，如宁波诺丁汉大学（2004年）、西交利物浦大学（2006年）等。这一模式，近年有较大的推进，如上海纽约大学（2011年创办，2013年新生入学）、昆山杜克大学（2013年设立，2014年正式开课）、香港中文大学（深圳，2014年创办并正式招生）等。昆山杜克大学号称"世界一流研究型综合大学，主攻精英教育和前瞻科研"；而香港中文大学（深圳）则是"培育具有国际视野、才德兼备的创新型高层次人才，并为国家高等教育体制改革探索新路"。所谓"探索新路"，包括自主确定课程（开设或不开设政治课）、学费（与境外大学持平）及薪酬（招聘优秀教授），规定董事会领导下的校长负责制（不设党委）等。此类理念及体制的中外合办大学，目前正在积极筹办的还有好多所。未来若干年，这些大学若进展顺利，将很有可能搅动一池春水。

2015年3月28日于京西圆明园花园

附记：此乃作者2015年4月9日在美国乔治·华盛顿大学的演讲稿。约定只讲二十分钟，留更多时间给听众提问。选择"大学"而不是"文学"作为演讲题目，是考虑到听众来自不同学校、不同院系,更是有感于国外民众及学界对于中国大学的严重误解。如此兼及历史与现状、国家命运与个人选择,比较容易引起大家的兴趣。果不其然,演讲现场气氛很好,提问也很踊跃。我的回答就免了,这里仅录听众的提问:第一,中国大学是不是正在加强思想控制,教授有无讲课的自由;第二,怎么看待国家汉办"极力推广"孔子学院在欧美所引起的争议;第三,大批中学生拒绝参加高考,改为直接出国读书,此举能否倒逼中国高等教育改革;第四,私立(民办)大学的未来以及具体的操作方式;第五,出国留学者,是否将来回国就业更占优势;第六,比起直接到国外念中学或读本科,等大学毕业或取得硕士学位后再走的,感觉两头不着边,怎么办;第七,出国潮如此汹涌,北大是否还能招到好学生。在回答最后一个问题时,我的情绪有点激动,竟大胆断言:若以中文专业为例,我们最好的学生仍留在国内。除了经济实力或外语水平,还有一点不能忽视,那就是对于中国文化的自信与痴迷。有机会出国留学或在国外教书的,千万不要有高人一等的感觉,不管是学术贡献还是世俗业绩,你们那些留在国内的同学,很可能发展得更好。此言一出,现场不少留学生大为震撼,一时议论纷纷。某毕业于北大、现在此地教书的教授当即表示,她赞同我的观点，也为自己那些老同学有这么好的表现与发展前景感到骄傲。

（初刊《探索与争鸣》2015年第5期，刊出时改题《当代中国大学公平发展的步履与生机》）

三说"拓展211"

一说"拓展211"：
实现高等教育的均衡发展

小　引

中国教育30人论坛与华东师范大学国家教育宏观政策研究院合作，定于4月1—2日在上海举办"十三五期间大力促进教育公平"专题论坛。作为30人论坛成员，我应邀做25分钟的主题发言。考虑到会议主题是"教育公平"，很多人将谈中小学或职业教育，而我长期关注的是中国高等教育，于是决定谈谈思虑已久的"211"。考虑到会后将努力形成"十三五"期间大力促进教育公平的建议报告，这就决定了我不能只谈理想。凡属提案，除了辨析利弊，更得考虑可行性。而任何教育政策的制定，都牵涉发展的动力、方向、成本以及效果等，不能不"精心计算"。我所理解的中国大学均衡发展，不是两千所高校肩并肩齐步走，而是承认差异，选好突破口，最大限度地调动各方积极性，尽快地补上短板。若过分强调平等，一切推倒重来，不仅费时费力，还将导致更大的腐败与混乱。而在"211""985""2011"这三大工程里，比较好改造的还是"211"。基于此设想，我先借《文汇报》抛砖引玉，而后将在论坛上从长计议。

我曾以《解读"当代中国大学"》为题，2007年11月25日在新加坡旧国会大厅演讲，2008年8月23日在澳大利亚悉尼大学演讲，同年10月9日在广州市委宣传部主持的"广州讲坛"演讲，此讲稿2008年9月发表在北京大学出版社出版的《现代中国》第十一辑上。此文用十个关键词（keywords），建构起我对此前十五年中国大学的叙述及论述框架。这十个关键词分别是："大学百年""大学排名""大学合并""大学分等""大学扩招""大学城""大学私立""北大改革""大学评估""大学故事"。在第四节"大学分等"中，我专门谈论1993年国务院发布《中国教育改革和发展纲要》，提出了促进中国大学发展的"211"工程；以及 1998 年 5 月，江泽民主席在北大百年校庆时讲话，提出创建世界一流大学，而得到"985 工程"经费支持的大学，简称为"985 工程"大学。这两个教育工程的具体情况大家都很熟悉，就不啰唆了。但我文中提及：

> 其实，"文化大革命"前，我们就有"重点大学"和"普通大学"的分别。先是 1954 年 10 月，政府在《关于重点高等学校和专家工作范围的决议》中，指定中国人民大学、北京大学、清华大学、北京农业大学、北京医学院、哈尔滨工业大学等 6 所学校为全国性重点大学；1959 年 5 月，中共中央又发出《关于在高等学校中指定一批重点学校的决定》，指定中国人民大学、北京大学、清华大学、中国科技大学等 16 所高校为全国重点大学。后来，又有"部属大学"和"省属大学"的区隔。

换句话说，大学分等不是现在才有的；只是因公众越来越关心高等教育，而不同等级的大学所得到的经费支持差距越来越大，这才引起如此公愤。

2012 年 3 月 25 日，我应河南省委省政府的邀请，在第二届"中原经济区论坛"上做主题演说，题为《中原崛

起,何处是短板》(《同舟共进》2012年6期),其中谈及人口大省河南高等教育的困境:

> 除了大学少、毛入学率低,河南高等教育还有一个致命的缺陷:一亿人口的大省,居然没有一所国内一流大学。比起周边省份的中国科技大学、武汉大学、华中科技大学、湖南大学、中南大学来,河南唯一挤进211工程的郑州大学,也不具有优势。去年10月,我与河南大学合作,召开"开封:都市想象与文化记忆"国际学术研讨会,方才得知这所曾经声名显赫的大学,不要说985,连211都没进去。在学界工作的朋友都明白,进不了211,意味着这所大学的教授与学生,要想做出好的业绩,必须付出加倍的努力。作为一所百年学府,1952年院系调整后,河南大学一落千丈,此后历经沧桑,几多沉浮,最近二十年虽处上升通道,仍未能重现曾经的辉煌。据《河南大学校史》(河南大学校史编写组,开封:河南大学出版社,2002年)称:"1944年,经国民政府教育部综合评估,河南大学以教学、科研及学生学籍管理的优异成绩,被评为全国国立大学第六名"。(173页)一次评估不太说明问题,但民国年间的河大,在全国学界的影响

力,确非今日的河大所能比拟。

我知道穷省办大教育的难处,可我还是认定补上"大学"这个短板,对于河南来说至关重要。下面这段话,据说让河南子弟读了以后热血沸腾:

> 办大学的目的,不仅是出人才,出成果,更是出精神,出气象。大学的多与少、高与低、好与坏,不仅关乎劳动力素质,还牵涉河南的文化形象。让更多的中原子弟知书达礼,走出去,有文化、有信誉、有尊严、有精气神儿,这比什么都重要。只有到那个时候,所谓"中原崛起",才算是真正实现。

当然,说话总比做事要容易得多。回北京后,我联络了好几位河南籍的官员及著名学者,想为河南大学进入"211"工程做点事。最后发现无计可施,因教育部封死了,谁也不能动。

从管理角度看,"封死"是最容易做的事,可省去很多麻烦。但对于河大等原本很不错、但因各种原因没能进入"211"的大学来说,却是致命的打击。前年我发表《大学如何排名》(《新京报》2013年7月27日,后收入《大学小言》,北京:三联书店,2014年),除了称"985""211"已被港台以及欧美、日本等各国大学作为判断中国大学的主要依据，而"当初教育部确定 985、211 大学时，明显注重应用性学科，而相对忽略更为基础的文理"，再就是下面这一段：

> 有了 985、211 经费支持，大学明显两极分化，入围的如虎添翼，落选的举步维艰。对于整个中国的高等教育来说，这个状态并不理想。我也知道很多工科大学正努力转型，且取得很好的业绩；问题在于，那些原本基础不错且历史悠久的综合性大学（如上面提及的河南大学、山西大学、河北大学等），为什么不能得到更多的扶持呢？让教育部取消 985 或 211 不太现实，唯一的办法是，经过严格评审，逐渐增加 211 高校的数量，让那些奋发图强者看到"咸鱼翻身"的希望，并获得积极工作的动力。

也就是说，我不主张取消"211""985"，也不相信目前正积极推进的"2011 计划"能作为"211 工程""985 工程"的升级版。说实话，重起炉灶，不仅费时费力，而且很可能流弊更多。近日教育部部长袁贵仁接受采访时称："现在有的学校，没进 211、985，并不代表我们不支持；有的学校的某个学科，的确是中国最好的，我们同样支持它，服务社会发展，服务中国走向世界。"(《"985""211"工程仍将继续》，《南方日报》2015年3月8日)我对此辩解不太以为然。因为，没能进入"211"而又具有中国最好的学科，这概率太小了。而且，即便个别学科被吸纳进入"2011计划"，对于整所大学的命运没有实质性的改变。

今年年初，我接受《南方日报》记者专访，这篇《如何抹平高校间发展差距？北大中文系原主任陈平原：不是把前面的拉下来。而是让后面的往上拱》(《南方日报》2015年1月15日)，原标题很简洁——《"用增量办法来解决大学之间的发展差距问题"》，且表达更为直接，用词更加到位。只是报社怕引起争议，努力抹平棱角。比如"这些年，我走访了好些原本很不错的大学，就因为没进入'211工程'，有点士气不足，发展较慢"，原本是"就因为没进入'211工程'，士气低迷，举步维艰"。而在"中国大学之间的贫富差距越来越大"后面，本来还有"到了积怨甚深、对立情绪很严重的地步"。好在整篇专访保留下我最想说的一段话：

> 完全取消这两大工程，技术上有一定难度，更有一点，我们不能因追求公平而丢掉效率。中国2000多所高校本就高低不平，不该重新回到大锅饭时代。

不妨用增量的办法逐渐抹平这个鸿沟：不是把前面的拉下来，而是让后面的往上拱。比如说，让211或985动态化，把一些学风正且办学基础较好的学校，尤其是落后地区的好学校往上推。若干年评一次，往上推一批，让后来者有奋进的动力。用增量的办法来解决不同大学之间巨大的差距，这样方能使中国大学的整体实力得到较好的提升。

其实，最关键的是"211"，那是雪中送炭；至于"985"，更像是锦上添花。重新开放"211工程"，逐渐吸纳一批办得较好的大学（尤其是中西部的大学），而且打破终身制，实行动态管理，我相信可以大大推进中国的高等教育。

我注意到3月11日教育部官方微博"微言教育"邀请高教司司长张大良就高等教育公平、改革、质量有关问题与网友进行在线交流。张大良表示，教育部将安排专项经费160亿实施中西部高校基础能力建设工程、中西部高校综合实力提升工作（《教育部：2015年安排160亿经费支持中西部高校发展》，光明网2015年3月13日）。这些年我在中西部好多大学走动，知道他们的办学经费确实在逐年增加。但在我看来，除了金钱，这"名分"同样重要——或者说更重要。

我曾称抗战期间的"大学内迁"、上世纪 60 年代的"三线建设",以及 2000 年开始的"西部大开发",乃中华民族可持续发展的三个关键步伐。在编制"十三五"规划时,通过扩展"211 工程",重点支持中西部地区高校,我以为不仅可行,而且具有深远的战略意义。

至于具体操作时可能出现的各种偏差、可用制度及人事双重规约。不能因害怕出现混乱而裹足不前,也不必为"211"到底应该是多少所而画地自牢。在我看来,这就是一个标志性的台阶,若越来越多的中国大学踏上这个台阶,是大好事。

2015 年 3 月 15 日于京西圆明园花园
(初刊 2015 年 3 月 27 日《文汇报》)

二说"拓展211":
我为何要"充大头",为非"211"高校说话[1]

不同会议有不同的工作目标,发言者最好能审时度

---

[1] 此乃作者 2015 年 4 月 1 日在华东师范大学召开的"十三五"期间大力促进教育公平高峰论坛上的演讲稿。此次刊用标题略有改动。

势,选择适当的论述策略。否则,永远说那么几句正确的空话,未免辜负了听众的大好时光。设想以下三种状态:第一,大家心平气和,坐而论道,那不妨高来高去,呈现各自的理想状态;第二,主旨是表达民间立场,兼及情绪发泄,那就是挑毛病了,激烈点也无所谓;第三,设身处地,为制定政策提供参考,那是要方案的,必须兼及现实性、具体性与可操作性。既然本论坛之谈论"教育公平",最终是要出"报告"的,无疑属于第三类。因此,我选择了"拓展211工程"这么个小题目。其实,几天前我已在《文汇报》(2015年3月27日)上发表《拓展"211工程",实现高等教育的均衡发展》,这回的"再说",希望将话题引向深入。

去年,我在一次演讲中称:"二十年来,非211大学与211大学的差距越来越大。当我们观赏北大、清华高歌猛进的时候,必须回过头来考虑这些非211大学的艰难。……如果没有很好的教育规划,单靠几所名牌大学,中国的高等教育恐怕还是无力承担'实现中华民族伟大复兴'的历史重任的。"(《内地/香港互参:中国大学的独立与自信》,《探索与争鸣》2014年9期)这是大实话,本来很平常,若不是去年年底的一场风波,不值得重新引述。

去年岁末,中南大学校长透露教育部将取消"211"

"985"工程建设,媒体上于是出现不少对这两大工程的讨伐,主要集中在此高校拨款机制导致的贫富不均。最惊人的说法来自贵州大学校长:"贵州大学在校学生6万人,人数超过绝大多数'985'、'211'工程高校,但自1949年至2012年的63年间,中央财政对贵州大学的累计投入为1.63亿元";"这63年的投入还比不上我以前工作的浙江大学两个月的投入"(参见《贵州大学63年投入不及浙大俩月被指高教不公平》,中国新闻网2014年6月18日)。我承认各大学的办学经费有很大差异,但不能瞒天过海,理解成年均250万,就能支撑起这么一所大学。这里说的是"中央财政",因贵州大学不是部属大学,主要依靠地方财政拨款支持。贵州大学好歹还是"211工程"大学,其他没能进入"211"的,处境就更为艰难了。据《新京报》2014年11月19日所刊《"211""985"被指成高校"贫富分水岭"》称:2013年清华大学获得的财政拨款为27.75亿元,而非"211"高校中科研经费最多的西南石油大学,其财政拨款约1.2亿元,两者相差23倍多。

单看这两组数字,很容易激起民愤。虽然统计口径必须说明,表述方式也有待改进,但问题是确实存在的。怎么解决?有三种不同思路:第一,既然有此弊端,那就彻底废弃,重新设计评价体系与拨款机制;第二,保持原状,逐渐淡化，另立新的工程，如"2011"等；第三，承认其历史功绩及现实缺陷，但不舍不弃，在改造中升级，也就是我说的"拓展"。当然，前提是承认"改良"是可行的，不取"不全宁无"的决绝姿态。明知做不到一招制胜、彻底解决问题，那就退而求其次，一步一个脚印，尽可能往好的方向挪动。

"211""985""2011"，这三大工程都缘于政府决策，因此，必定是集权威性、执行力与官僚气于一身。有一利必有一弊，但在特定的历史时期，若想促成中国高等教育快速发展，大概也只能这么做了。在现阶段，完美无缺的教育观念与彻底公平的拨款方式，很可能如镜花水月。因此，我更倾向于在原有基础上调整、改造、升级，而不主张推倒重来。

教育决策牵涉千家万户，而且一旦实施，要大改是很难的。因此，最好谋定而后动。谈教育，我不喜欢很有戏剧性的"日新月异"，更倾向于"移步变形"。1993年正式启动的"211"，1998年推出的"985"，以及2011年讲述的"2011"故事，这三大教育工程各有利弊。很怕主事者为了显示高瞻远瞩，过两年又弄出个新工程来。那样的话，大家又得调整思路，疲于奔命，忙得四脚朝天。除了北大、清华乃天之骄子，无论蛋糕怎么切分，都不会落下，因此显得比较淡定；其他的大学，一听说教育部出台新的政策、规划或工程，必定奋起争抢。如此折腾，不利于大学领导及教授们的"宁静致远"。

经过这么多年的努力，中国大学确实比以前有钱多了。两组数字，一看就明白：全国财政性教育经费支出占国内生产总值比例，1998年是2.59%，2013年提高到4.30%；2014年不知道，但今年3月李克强总理工作报告称，"经过努力，全国财政性教育经费支出占国内生产总值比例超过4%"。而从1998年至今，历年GDP增长速度，最高的是14.16%（2007年），最低的也有7.4%（2014年）。这么一算，最近十多年中国教育经费提升的幅度之大，有目共睹，是值得骄傲的。分配不太公平，但不管哪种类型的公立大学，其经费都在明显增加。而从国家财政考虑，如何使用增量部分，是有很大的灵活性的。因此，"211工程"到底是关门大吉，还是进一步拓展好，钱不是问题，关键在于立场及观念。

我提"211工程"的"动态管理"，并不是主张对所有"211"大学每年都来评审，或建立"末位淘汰制"。那样的话，二桃杀三士，又会制造出许多新的混乱。只有在学校出了大问题——或管理，或教学，或财务——且领导负有不可推卸的责任，那个时候才需要取消其"211"资格。

主张拓展"211工程",但希望严格评审,逐渐增加,而不是一次到位。因为我注意到,前些年的"评比"与"创建",有弄虚作假的,也有贿赂过关的,但整体而言,还是促使大学校长及地方政府殚精竭虑,图谋发展。可见,这一"寻找差距""努力创建"的过程,还是很有意义的。

扩大"211"的范围,毫无疑问,等于是在稀释原本有限的荣誉与资源。这个时候,已经上车的,很可能不太乐意。所有在中国挤过公交车的人都知道,车上与车下,对拥挤与否的感觉是不一样的:一个喊往里挤,一个说挤不动。若着眼于中国教育大局,增加"211工程"大学的数量,会削弱已上车者的权威与收益,但有利于缩小各大学间人为造成的差距。从教育公平立场,国家财政拨款,本来就应该这样做——某种意义上,这只是"回归常态"。

"211工程"最初的设想,是"为了面向21世纪,迎接世界新技术革命的挑战",中央及地方集中力量,重点建设100所左右的高等学校和重点学科,使其达到世界一流大学的水平。不要追问何为"世界一流",反正在原有基础上"大有长进"就行了。这"100所左右"的计划,比赛终场哨声响起时是112所。可见数字是人定的,本来就有很大的伸缩性。100可以变成112,为什么就不能变成150或180呢?若我们不急不缓,有序推进,到2050年,建成150或180所"211工程"大学,有什么不妥?说到底,就像我在《拓展211工程,实现高等教育的均衡发展》中所说的,"211"只是一个标志性的台阶——"若越来越多的中国大学踏上这个台阶,是大好事"。

你可以说"211""985"只是国家重点资助某些学校的激励手段,不是等级划分,也不是学术鉴定;可在现实生活中,这早就成为中国大学的名牌标志了——民众择校这么看,官员拨款这么看,专家评审这么看,甚至连国外大学录取研究生时也以此划线,你说这是不是等级或台阶呢?大学本就分等级,就看那条线划在什么地方,以及是否将此分界线凝定。我没说2000所大学肩并肩齐步走,只是主张借挪动分界线,激发中国大学内在的创新活力。

此说若能引起大家的关注,并导向更为深入的讨论,我还有两个附加的建议——第一,新增加的"211工程"大学,主要向条件比较艰难的中西部地区投放;第二,遴选新的"211工程"大学时,注重人文社会科学在大学中的作用。第一点估计不会有太大争议,第二点须略为陈述。此前的评审(无论"985"还是"211"),明显偏向于科研经费较多且有成果可转化的工程技术类大学,而相对忽视了综合性或师范类的大学。对于"大学理念"稍有理解者,当明白此中的缺失。

以上所论，不是宏观政策，也不是理论阐释，只是局部修补；如此议案，自认为切中时弊，且具有可操作性。但以当下中国的舆论环境，以及读书人公信力的日渐丧失，提出此建议，最可能接到的砖头有三：第一，你身为北大名教授，提此建议居心叵测，很可能是想借此捞一把——拓展"211工程"，那就得有评委；你当了评委，就可以公然受贿。这虽是玩笑话，可我还是得"严正声明"：此前我没当过"985"或"211"工程的评审委员，若重新启动"211"，我也不会凑这个热闹。第二，你为什么要充大头，提这样的方案，是不是已经得到某些有竞争力的大学的经费支持？如此"诛心之论"，等于把所有公共政策的讨论都化成个人利益之争，实在可悲。长期在北大工作，我不太能体会地方高校教授及校长们的委屈，还嘲笑他们热衷于争项目、跑课题、拼评审等；近年因走访各地不少第二梯队的大学，方才真正理解他们的努力与困境。正因为我不在这个利益链条上，才觉得有义务站出来说话。

前两块砖头自信能躲得过，第三块可就得看大环境了：以当下中国的社会风气以及教授们的道德水准，一旦重新开启"211工程"评审，会不会各种乌烟瘴气全都卷土重来？我的想法是：若反腐能保持如此高压的态势，校长及教授们大概不会愚蠢到铤而走险。说不定这个时候评审，还会更顺利,也更公正些。

当然,"维持原状"是最安全的。只可惜,这么一来,有点愧对那些雄心勃勃、跃跃欲试、原本有可能更上一个台阶的好大学。

(初刊 2015 年 4 月 3 日《文汇报》)

三说"拓展 211":
高等教育,河南、浙江不该如此落魄

回首中国人创办现代大学这一百多年,可谓跌宕起伏、险象环生——既有抗战烽火中大学内迁弦歌不辍的辉煌,也有"文革"期间"大学还是要办的,我这里说的主要是理工科大学还是要办"的无奈。若正面立论,评选促成中国高等教育迅猛发展的重大举措,我首先投票给 1991 年酝酿、1993 年正式实施的"211 工程"。

为了面向 21 世纪,迎接新技术革命的挑战,中国政府计划重点建设 100 所左右的高等学校,使其达到世界一流大学水平。此计划一宣布,舆论哗然,认为纯属吹牛,理由是,无论我们如何努力,都不可能有那么多"世界一流"。后来想清楚了,名词不重要,关键是实际效果。也

就是说，若能大幅度提升中国大学的教学及科研水平，是不是"世界一流"，其实无所谓。得益于中国政府的权威性、中国经济的持续发展以及教育投入的不断增加，再加上中央与地方共建这一"四两拨千斤"的思路，以及各大学因见到实实在在的好处而拼命争抢，这"211工程"的进展十分顺利。

从1995年公布第一批15所"211"大学，到2008年年底第四批5所"211"大学"新鲜出炉"，短短十几年间，各大学都卯足了劲，在争创"211"的道路上快马加鞭，取得了举世瞩目的成绩。可惜的是，闸门哐当一声落下，不少信心十足且准备充分的大学，从此被拦在了大门外。那些就差一步之遥的落选者，当初虽也深感遗憾，但绝对意想不到问题的严重性。这可是当代中国高等教育最具含金量、也最深不可测的一道鸿沟，几乎决定了日后各大学的命运。眼见沟这边的大学迅速崛起，感叹沟那边的大学逐渐沉沦，真的是"月子弯弯照九州，几家欢乐几家愁"。

应该这么说，当初的评选，基本上是公平的；只是有两个决策思路，今天看来不无反省的必要。一是明的，那就是每省至少给一个名额；一是暗的，那就是注重工程技术，而相对忽略人文社科。

先说后者。绝大部分进入"211工程"的大学需要地方政府配套资金的支持,后者要求的回报是,自觉且有效地服务当地经济建设。因此,在实际评选中,理工科大学因院士数量(文科没有)、科研经费、专利转化,以及促成产业升级的能力,显得更为理直气壮。我将这112所"211工程"大学粗略分类,一是校名就是理工医农或理工医农占绝对优势的大学,一是综合大学或师范、政经、艺术类大学。按我的统计标准(看主导倾向,如重庆大学归理工类,清华大学属于综合性),前者占60所,后者为55所。不是说112所吗?为何跑出115所来?原因是,中国矿业大学(北京、江苏)、中国石油大学(北京、山东)和中国地质大学(北京、湖北)都是两地办学,独立运营,但又共享荣耀。

谈及大学,注重科技发明,服务经济建设,这当然没错;但相对忽略人文及社科,则很不应该。将大学理解为"工程师的摇篮",那是半个世纪以前的思路,早就该翻过这一页了。过分看重"科技成果"在大学中的分量,如此教育理念,不无修正的必要。国人习惯于从科技角度谈论我们与西方发达国家的距离,可这三十年的急起直追,差距正迅速缩小。我相信再过一二十年,中国一流大学与国际著名大学在科技方面,完全可能平起平坐。相反,人文及社会科学方面的落后,显得更为突兀——即便不说触目惊心。

谈及人文及社会科学，我们往往强调中国的特殊性，从国情到文化到政治立场再到语言表达等，有意无意掩盖了这一差距。至于校长书记们，对此类无法"立竿见影"的学科，一般也不太用心。时至今日，还不断有领导拍着你的肩膀说：研究中国的文史哲，当然是我们最强了，外国人怎么能比？言下之意，这事不急，你们悠着点，让实用性的学科先走一步。这一学科决策上的偏差，直接导致我们的身体跑得太快，而灵魂（思想）落在很远的后方，一时半会儿追不上。

再说前者。教育离不开政治，评选"211工程"大学，毫无疑问须平衡各方利益。2009年1月，中央电视台曾播出以下新闻："日前，国家有关部门正式批准青海大学、宁夏大学、石河子大学、海南大学、西藏大学进入以建设高水平大学和重点学科为目标的'211'工程计划，至此，我国所有省、自治区、直辖市全部拥有国家重点建设的大学。"这第四批"211工程"大学，明显带有政策照顾的成分。考虑到各省市区（除台港澳外）都已经"利益均沾"了，"211工程"就此关门大吉。

这里提及教育公平，只说每个省市区都有至少一所"211"大学，但没说与办学相关的其他因素，如人口数量、经济水平、文化积淀等。若将我提及的这些因素考虑进来,则这"211工程"大学的布局显得很蹊跷。以数量论,北京26所,江苏11所,上海9所,陕西7所,湖北7所,四川5所,广东、黑龙江、辽宁各4所,连新疆都有两所了,为什么河南、浙江只能"一枝独秀"?

只有一所"211"大学的河南省,2014年全国各省市经济总量排名第五,而全省总人口10662万人,常住人口9436万人(截至2014年年底)。"同病相怜"的浙江省,2014年全国各省市经济总量排名第四,人均GDP仅次于作为直辖市的北京、天津、上海,在全国各省区中名列首位。人多、钱不少、对国家贡献大,而且文化底蕴深厚,这样的省份,为何在高等教育方面如此落魄?是他们自己不努力,还是现行政策限制了其发展速度?这或许值得当事人以及主政者深思。

我撰此文,不纯粹是为河南或浙江"鸣冤叫屈",而是主张重启已经落闸的"211工程"。此工程之所以值得嘉许,除了规模宏阔、可操作性强,更因其较好地兼顾"公平与效率"。当初说好"成熟一批吸取一批"的,为何不再深耕此计划?表面理由是数目限制,更深层的原因,恐怕是为新的"985工程""2011工程"让路。恕我直言,对当代中国大学发展最具里程碑意义的,是"211",而不是"985",更不是"2011"。抛弃仍有很大发展空间的"211工程",对于那些就缺临门一脚的大学来说,固然是严重挫伤;更可惜的是,无法借此调整中国大学布局,推进教育的均衡发展。

在《拓展211工程,实现高等教育的均衡发展》(《文汇报》2015年3月27日),以及《我为何要"充大头",为非211高校说话——再说"拓展211"》(《文汇报》2015年4月3日)中,我再三陈述拓展"211工程"的好处,虽获得了不少掌声,但在目前的体制下,基本上是"说了等于白说"。希望来年的全国人大及政协会议上,有河南、浙江等省份的代表及委员不辜负本省区人民的厚爱与委托,联名提案,要求教育部认真思考与答复——不是恳求特殊照顾,而是落实公平原则;不是谋求自家福利,而是努力实现各地区高等教育的均衡发展。

2015年5月17日于京西圆明园花园
(初刊2015年5月22日《文汇报》,刊出时改题为《办大学以理工科论英雄,早落伍了》)

如何兼及咨询与监督
——从"章程"看大学与社会之关系[1]

今日中国的大学变革,取决于以下三种潮流的相互激荡:第一,政府依旧主导,但已逐步放权;第二,高校依法办学,力图自主管理;第三,社会提供咨询,实现外部监督。三者互有呼应与制衡,跌宕起伏之间,呈现某种新气象。相对而言,前两者比较显豁,容易引起关注;至于大学之外部关系,尚处若隐若现间,还没得到很好的阐发。

最近十五年,中国高等教育实现了"跨越式发展",具体落实在以下两组数字:2013年全国国内生产总值为

---

[1] 此乃作者2014年12月14日在北京举办的"中国教育三十人论坛首届(2015)年会"上的主旨演说。

568845.2亿元，国家财政性教育经费占国内生产总值比例为4.30%；截至2013年年底，我国高等教育毛入学率为34.5%，各类高校入学总人数为3460万。所有关心教育的人，都明白这两组数字的含义。这里不谈大学"高歌猛进"的利弊得失，只说一个问题：既然政府为此投入了巨额经费，纳税人的贡献不言而喻，因此，国民有权利也有义务监督这项耗资极为庞大的公益事业，以确保中国大学的办学水平不断提升，而不是逐步下降或停滞不前。

考虑到大学运作的复杂性，一句"高校信息公开"，并不能解决所有问题。如果校长越权、处长受贿、教授抄袭、学生作弊，或发生严重刑事案件，自有相关法律法规处置；但若是办学水平低下，或教育方针出现严重偏差，这样的问题，不是外行一眼就能看出来的。代表公众利益的新闻媒体，唯一能做的，也只是"出事"后的穷追猛打。大学办得好不好，不全看主事者的个人道德。校长书记都很清廉，但大学越办越差，一直在走下坡路，浪费了纳税人大量金钱，也辜负了学生们的殷切期待，这种情况下，你说怎么办？除了政府主管部门，还有谁能代表民众或纳税人来对大学实现有效的监督？

随着大学章程的制定与颁布，法律赋予中国大学的办学自主权以及社会责任，或许能得到逐步的落实。在这中间,我关心的是如何实现大学自主与外部监督的统一。为了说明问题,我选择2014年9月3日正式核准生效的北京大学、清华大学、中山大学、南开大学、浙江大学、西安交通大学、中国农业大学、中南大学、电子科技大学等九所大学的章程,将其作为"文本"来阅读,看它突出什么,回避了什么,还有什么未曾阐发的生长空间。

这九部大学章程,都花了不少篇幅来描述其"外部关系"——或称"校友及社会",或称"学校和社会",或称"学校与地方政府及社会",或简称"对外关系"。其基本思路有三:第一,模糊描述,不做硬性规定;第二,设立理事会,"参与学校重要事项的讨论咨询";第三,另辟蹊径,专门论述。

先说不做硬性规定的。《浙江大学章程》第六十九条称:"学校实行信息公开制度,保障公民、法人和其他社会组织依法获取学校信息,并依法接受社会监督";《中南大学章程》第五十八条有曰:"学校根据需要,就发展规划、争取社会资源等重大事项咨询校外专业人士或社会中介组织的意见。"承认大学有必要"咨询校外专业人士""依法接受社会监督",但不设立专门机构;如此一来,如何落实上述设想,不得而知。

在描述大学的"外部关系"时,承诺设立理事会的有南开大学、西安交通大学、中国农业大学和电子科技大学。交大的思路有点怪异，将本该是外部人士为主组成的理事会与本校的教职工代表大会、学生代表大会、研究生代表大会、工会、共青团、各民主党派等放置在一起，统称"民主管理"。如此内外不分，自然说不上"外部监督"了。其他三所大学之设立理事会，都是"学校面向社会，开放办学的咨议机构"，唯有《南开大学章程》提及"对办学质量进行监督评议"。

比较有新意的是北大、清华、中大三部章程。《北京大学章程》第四十五条称："学校实行社会参与制度。实行信息公开；坚持校务委员会校外委员制度；设立名誉校董，聘请对学校发展作出重大贡献的社会杰出人士担任；设立国际咨询委员会，聘请热爱高等教育事业、关心学校改革与发展，并具有较高威望和重要社会影响力的国际知名人士担任委员。"与北大之贪多求全、什么都有，但不知重点何在形成鲜明对照，《清华大学章程》则简单明了："学校设战略发展委员会作为战略决策的咨询机构和社会参与本校事务的主要途径，依照有关规章产生和开展活动，定期就学校发展战略和重大决策提出咨询建议。"最具想象力的还属《中山大学章程》，其第六十五条称："学校设立顾问董事会。顾问董事会是学校的社会咨议机构和非行政常设机构,由关心、支持学校发展的各界人士组成,对学校的决策及重要工作提出参考性的意见或建议。"我在《"摸着石头"办大学》(《南方周末》2014年11月20日)中这样点评"顾问董事会":"这是个新词,属于中大人的发明创造。大概是希望兼及'顾问委员会'与'董事会'的社会功能,但又不具备二者的法律地位。说得更明白点,是在现有体制下打擦边球。"

不管叫"理事会""董事会""咨询委员会""顾问委员会",还是"战略发展委员会",其实都是在探索如何协调大学与社会之关系。虽说章程乃大学之"宪法",这些名目繁多但功能相似的机构,到底该如何界定,能否有效运作,以及效果如何,目前仍是未知数。除了中大先走一步,已经粉墨登场(参见《中大召开首届顾问董事会:阵容"超豪华",集国际智慧建世界一流大学》,2014年11月12日《南方日报》),其他大学如何举措,尚未见相关报道。

我当然明白,所有这些由大学设立的协调外部关系的机构,其主要着眼点是"拓展办学资源";但与此同时,也具有某种咨询及监督的功能。说咨询,主体是学校;说监督,则是站在社会的立场,二者会不会互相矛盾?我们可以设想,既然是大学礼聘你来当理事、董事或委员,若你与大学的立场严重冲突，或者说了很不中听的话，损害了大学的利益，大学会不会马上（或事后）解聘你？考虑到这一点，你能否"独立判断""自由表达"，有效地代表公众监督大学运作，其实是要打折扣的。但即便如此，我还是承认其存在价值，并希望进一步规范其名称（所谓"名不正则言不顺"），完善其运作机制。

所谓"积极培育教育中介组织，完善社会监督机制"，在当下的中国，实际上做不到。十年前开展的"高等学校本科教学工作水平评估"，就是落入此陷阱——立意很好，只是一说便俗，一做就偏，最后弄得鸡飞狗跳，且收效甚微。这里的关键，一是中国不存在很有公信力的第三方评审机构；二是中国大学千差万别，很难用同一把尺子衡量；三是没有官方背景的人家不信，有了官方背景又变成了另一种行政权力。与其这样，不如鼓励各大学（尤其是声名显赫的好大学）自己负责，在寻求学术视野、进行自我批评的同时，实现某种意义上的社会监督。

不管叫什么名目，谈大学之外部关系，必须兼顾咨询与监督。至于董事、理事或委员，愿意且能够参与此事的，最好具备以下条件：第一，长期关注（不是临时打听）；第二，投入精力（不仅出借大名）；第三，敢于直言（不能只说好话）；第四，超越学科文化的限制（有专业而又不囿于专业）。最后一点必须多说两句，很多著名学者对大学运作及管理其实既无兴趣，也无知识，被咨询时，往往顺着领导的意志走，或者只谈本学科如何重要。这样的"国际知名人士"，其实不请也罢。

各大学若真有上进心，愿意吸纳外界的智慧，且接受社会的监督，完全可以用心用力，努力经营好这一既非规定动作、也无既定目标，尚未定于一尊、可以自由挥洒才情的机制或机构。

2014 年 12 月 7 日于香港中文大学客舍
（初刊 2014 年 12 月 15 日《经济观察报》）

要"项目"还是要"成果"

谈论"科研项目与学术发展"这个话题，牵涉当下中国大学的大跃进思潮、量化管理方式、学术书评缺失，以及民间学术瓦解等。前三者我近年多有谈及，相关文字见《大学何为》《大学有精神》《读书的"风景"——大学生活之春花秋月》，以及即将推出的《大学小言》（三联书店）、《读书是件好玩的事》（中华书局）等。最让我痛心的是第四点，即民间学术的瓦解。再过一个月，我将借最后一辑《现代中国》的出版，组织一个小型座谈会，专门讨论这个话题。我从70年代末介入《红豆》，80年代中后期参与《文化：中国与世界》和《东方纪事》，到90年代办《学人》集刊，再到新世纪主编《现代中国》集刊，深切体会到民间学术是如何节节败退、最终溃不成军的。今天就谈其中一个小小的环节,即"科研项目"的前世今生,及其对当代中国学术的深刻影响。

先学周作人,当一回文抄公,看近十年来关于这个问题,我都说了些什么。

十年前,我撰写《学问不是评出来的》,称:"我承认'重奖之下,必有勇夫';但不太相信评审之举,能长学问。对于人文学者来说,独立思考的权利、淡定读书的心境,以及从容研究的时间,是最为重要的。"此文初刊广西师范大学出版社2005年4月推出的《中国书评》第一辑;有趣的是,2007年7月6日《人民日报》予以转载。必须声明,这并非我一稿两投,而是编辑"有感而发"。

半年后,《人民日报》又刊出我的《学界中谁还能"二十年磨一剑"》,其中有这么一段:"目前的这套项目管理机制,基本上是从理工科延伸到社会科学,最后才进入人文学领域。而在我看来,最不适应这套机制的,正是人文学者。……现在的这一套管理办法,培养出一大批'填表专家',题目设计得很漂亮,计划也编排得很完美,主要精力和才华都用在如何把钱骗到手。你要检查吗,成果总是有的,好坏是另一回事。大家都把心思放在如何设计项目争取经费上,至于原本需要呕心沥血、几十年如一日苦心经营的著述,反而因'时间限制'而草草打发,实在是本末倒置。这就难怪，走进书店，大都是急就章，'好书名'很多，好书很少。"那是在北大召开的学术座谈会上的发言，关于改变奖励学术机制，注重成果而不是课题的建议、让在场的常务副校长点头称是，但又断然否定其可行性。为什么？他没说，但我能猜到，担心学校"科研经费"这一项排名会被别的大学比下去。说到底是排名的问题，无关学术研究的得与失。

又过了一年，我在中国社会科学院办公厅主办的"改进学术评价机制"专题研讨会上发言，题为《"学术"谁来"评价"》。此文初刊《社会科学论坛》2009年第4期，前几天，《北京日报》理论部编辑来联系，希望重新刊发。五年前的旧文，还有阅读效果，可见问题依旧。文中提及今天的中国大学——"钱是日渐增加了，精神却日渐萎靡。其中的关键，在于上世纪80年代欣欣向荣的民间学术，如今土崩瓦解。在支持学术方面，政府与民间各有短长，本可互相补充。可如今，民间这条腿彻底断了，只剩下政府管理部门在唱独角戏。权力、金钱以及声誉的过分集中，效果并不好。"

2011年11月8日，我在美国纽约大学演讲，题为《人文学之"三十年河东"》。此文初刊《读书》2012年2期，收入北京大学出版社2012年《读书的"风景"——大学生活之春花秋月》。文章分五节：第一，日渐冷清而又不甘寂寞的人文学；第二，官学与私学之兴衰起伏；第三，为何人文学"最受伤"；第四，能否拒绝"大跃进"；第五，一代人的情怀与愿望。"结语"是："以项目制为中心、以数量化为标志的评价体系，社会科学容易适应，人文学则很受伤害。从长远看，受害最严重的是从事人文研究的年轻学人。"

去年，我应邀在凤凰卫视"锵锵三人行"中谈中国的大学问题，其中4月9日播出的那一辑影响很大。也是批评眼下正热火朝天的项目制，顺带谈及"有一个美丽的传说"。据说北大不看重项目，若两位水平及著作相当的教师申请晋升职称，优先给那没有科研项目的。理由是，他没拿国家的钱，做得还跟你一样好，证明他比你优秀。很遗憾，北大没那么清高，只是对项目的要求不太严苛而已。

其实，过去十年，该说的话、能说的话、想说的话，我大都已经说了。教育的难处在于，任何一项决策，顺利推出固然不易，效果不佳想转弯或安全退出，其实更难。因为很多人已学会了这个节奏，且获得很多实际利益，不同意你改弦易辙。为政者，最忌讳"翻手为云，覆手为雨"。而作为个体的学者，你我面对的，从来都不是一张白纸，即便你志存高远，也只能在已有舞台上表演，最好的状态也只是"移步变形"。否则，你就得隔岸观火，而不追求介入历史进程。我是个低调的理想主义者，故只提些自认为的"合理化建议"。

第一，确立一个大思路："项目"是为"科研"服务的，允许有"科研"而没"项目"，反对有"项目"而没"科研"。人文学者以及偏于思辨的数学家或理论物理学家，完全可能在没有项目经费支持的情况下，做出大学问来。评价一位学者、一个院系、一所大学的高低优劣，应该考虑"投入产出比"，不以科研经费多少论英雄。花钱不算本事，出活才是第一位的；成果优先，项目及经费靠后。之所以这么说，是因为不同专业对项目经费的要求不同，并非钱多就一定能做好，也不是没钱就没学问。国家提供项目经费，是为了帮你完成科研，完不成任务，或完成得不好，不扣钱就不错了，怎么能成为评价标准呢？不要吹你或你的学校申请了多少课题，拿了多少钱，要看到底做出多大的成果。

第二，目前中国大学教师的薪资结构很不合理，薪水太低，奖励过多，导致很多人"不务正业"。在我看来，提高教授薪水，减少额外收入，严格经费管理，杜绝将科研经费转化为生活补贴，也就是说，把暗补变为明补，才是正途。这样一来，无论审计部门还是学者个人，都会轻松很多。目前这种年初填表格要钱，年底找发票报账，对于学者尊严及学界风气，有非常不好的影响。以读书人的聪明才智，是能够钻政策空子、游刃有余地获取个人利益的。近日科学网披露某理工科教授一篇论文挂了二十个项目，让我大开眼界。人文学的论文，我见过好些挂四五个项目的，感觉不是很舒服。这明摆着就是应付差事，吓死胆小的，撑死胆大的。这种做法，冠冕堂皇，而又名利双收，据说是得到学校默许的。可这样的项目制度，导致学者们一门心思争立项、乱报账。当"填表"与"报账"成为学者的一种重要技能，这样的学术风气当然堪忧。

第三，目前的独尊课题，很容易导致人文学的研究模式化。看课题申请材料，明显看得出是在揣摩风气，因此一年一潮流，大批量生产，从立意到方法到表达，越来越趋同。某多次获社科基金支持的教授告诉我，申请课题很容易的，填表时记得将自己的智商及才华降一个等级，就可以得到。初听很荒谬，得了便宜还卖乖。可仔细想想，也不无道理，因为得被诸多评委认可，那只能是稍有新意，但又循规蹈矩。过于特立独行、异想天开，是不可能被接受的。做研究的人都明白，真正创造性的成果，是经历九曲十八弯的磨练，最后关头才"柳暗花明"的。凡论证十分严密，看起来很像样的，要不纸上谈兵，不可能实现；要不就是博士论文改写，很难再有多少发展空间。这让我想起《摩登时代》里卓别林扮演的流水线上的工人，已经习惯成自然,见了帽子就想拿螺丝刀拧。如今是见到任何新东西,不是充满好奇心与探索精神,而是追问能否申报课题。我真想问,不申报项目,不做课题,你还读书吗?自由的阅读、独立的思考,以及兴趣盎然的研究,如今离我们越来越远了。说句不好听的话,很多人不再是特立独行、意气风发的学者,而是完成课题的熟练工。

第四,人文学的评价标准,应该是鼓励创新,不以数量取胜。人文学不同于航天工程,不一定非集合千军万马不可,有时一个人的壁立千仞、神游冥想,代表了一个时代的学术水平或精神高度。如今的课题制,推崇"协同作战",表彰"领军人物",很容易冷落那些习惯于千里走单骑的"独行侠"。只要看最近十几年人文学方面的大项目,都倾向于资料整理,你就明白这大趋势。可这并非好现象。为什么会这样?因为申请项目,需编列各项预算,而人多力量大。并且,资料整理是容易出成果、见规模、显气势的。可资料整理虽很有意义,却不该成为一个时代的学术标准。

第五,也是我最想说的,希望政府特别表彰那些没拿国家经费而作出成绩的好学者。不妨就照我 2008 年那篇谈论"剑"是怎样"磨"成的短文的建议,若著作获大奖,凡事先没拿国家科研经费的,给予三五倍的奖励。今天国家社科基金一般项目资助18万，你自力更生，没拿国家经费而获教育部人文社科著作奖的，给50万奖励行不行？到目前为止，教育部总共颁了六次奖，我得了五次，其中两次还是著作一等奖。可我所有奖金加起来，还不够一个一般项目的资助。这你就明白，为何大家都把心思放在争取项目，而不是做好科研上。为了扭转学风，不妨考虑我的建议，奖励那些诚笃认真、行事低调、不喜欢开空头支票的学者。"至于学者拿这些钱做什么，只要不违反经费使用规定，都可以。因为，能有如此优异成果的学者，根本用不着催促，他/她会自己往前走。"

我相信，三五十年后总结，或百年后回眸，这个时代最有才华、作出最大贡献的人文学者，必定不是今天台面上显赫一时的"项目英雄"。至于是谁，我不知道，但不妨借用辛弃疾的词："众里寻他千百度，蓦然回首，那人却在，灯火阑珊处。"

2014年5月24日初稿，
6月1日修订于京西圆明园花园
（初刊《云梦学刊》2014年第4期；人大报刊复印资料《社会科学总论》2014年4期转载；又刊2014年7月16日《中华读书报》）

假如我办"燕京学堂"

说"假如",就是不可能的意思。既然没有这种可能性,为何还要如此自作多情?因为不当家,不知柴米油盐贵。相对来说,批评畅快淋漓,建设则困难得多。那就换一个角度,假如我是北大校长,正雄心勃勃地推进很有挑战性的"燕京学堂"计划,应该怎么做?不提"战果辉煌",就说"实现既定目标"吧——为何如此低调?因北大就像鱼缸里的金鱼一样,在享受恩宠的同时,被全国人民拿着放大镜观察、挑剔、评论,稍为偏离既定的航道,就会招来铺天盖地的质疑与批评。这种状态下,只能小心翼翼,平安驾驶,很难期待惊天动地的制度性创新。

可是,我们又都希望北大能奋起直追,迅速地"世界一流"。不动制度,通过增加经费,是能提升相当水平的。

但发展到了一定阶段，制度非动不可，这个时候，牵涉很多人的切身利益及习惯思维。怎么办？只有一个办法，那就是"谋定而后动"。可以不断地打雷，好一阵子下不来雨；但不能没做任何预报，就来场正义的滂沱大雨。雨是迟早要下的，但怎么下、下在什么位置、多大的量、有无节奏感等，都必须认真考量。不仅要驰想"春雨贵如油"的妙境，还得防止决堤溃坝的灾难；"有百利而无一弊"的改革，那是神仙才能碰到的。很可惜，北大这回创办"燕京学堂"，明显低估了其"牵一发而动全身"的难度，未曾做过认真的"沙盘推演"——我说的"沙盘推演"，是指主事者自我设置对立面，站在另一个角度立论，来回辩驳，直到基本上堵住可能存在的漏洞。

筹巨资创建一个新的教学机构，对于北大是件大事，事先其实征求过不少中层领导及名教授的意见，不可能是校长脑袋一拍就出来的。问题在于征求谁的意见，以及如何征求，程序正确不等于效果就一定好。做过行政的人都明白，讨论同一件事，找谁不找谁，谈论宗旨还是敲定细节，会得到截然不同的效果。一般来说，中层领导怕校长，普通教授则不怕，更有可能直言不讳；而同样是名教授，有人习惯于"事不关己高高挂起"，有人则热心公共事务，就看你能否及时发现潜在的"反对派"。若真想征求意见,应该多找有勇气、有见解、有担当且历来特立独行、敢于自我立论的普通教授,既给他们解释,也听他们抱怨,甚至允诺一切可以商量,大不了推倒重来。若怕人多嘴杂,想快刀斩乱麻,等生米做成了熟饭,再来努力解释,希望广大师生"顾全大局",这在别的学校做得到,在北大不行。因为,说到底,这是一所民主传统根深蒂固的大学。

平心而论,从社会募集巨额经费,创办培养国际人才的"燕京学堂",应该说是很有创意的好事。可如今好事不但多磨,且效果大打折扣,甚至对北大声誉造成了不小的伤害。弄成今天这个样子,为何当初匆忙上马,高调宣布,而不可以稍为等一等,多邀请敢于直言的反对者参与协商,或吸纳意见,化解对立;或调整节奏,优化计划?那样做肯定效果更好。问题在于,这都是事后诸葛亮,当初被征求意见的诸君,大都并没意识到事情竟然这么复杂。

这就说到北大人的特点,无论校方还是教授,多志存高远,擅长侃侃而谈,看不起斤斤计较,尤其不太注意细节。可在现实生活中,确实是"细节决定成败"——谁能想到一张"流光溢彩"的静园修缮效果图,会掀起如此大的风波?我相信北大校方之创办"燕京学堂",确实是用心良苦；问题可能出在悬得太高，用力太猛，操之太急，加上论述时的若干瑕疵，以致引起部分师生及校友的猛烈批评。不想"高屋建瓴"地说风凉话，我希望站在建设者的立场，帮着出出主意，看能否进一步完善此计划。相关意见适时提交给了校方，至于是否被采纳，不在我考虑范围内。选择9月方才刊行的《读书》杂志发言，是假定那时大局已定，风波也基本上过去了，发文章只是为了"立此存照"。

都是模仿罗德奖学金（Rhodes Scholarships），着眼于培养国际化的"各界领导精英"；也都是一年制的学习计划，为何清华的"苏世民书院"波澜不惊，北大的"燕京学堂"却风急浪高？除了两校师生处世及表达风格的不同，更因清华计划可操作性强，北大则过于理想化，不太可行。后者选择了学校中心且带有标志性的静园六院来建寄宿制书院，乃极大的败笔，此举引发了学生及校友的公愤，学校不得不做出妥协。如此"败走麦城"，不全然是思虑不周，还是我所说的用力过猛，即太想把事情办好，以至于不考虑前后左右、上下里外。在我看来，这"燕京学堂"即便圆满达成目标，也只是为北大增加一个新的发展方向，不可能成为整个大学的中心。顺便说一句，香港中文大学也有一个以英语讲授、以国际学生为对象、"肩负提供世界级中国研究教学重任的"中国研究中心，但在整个大学处于很不起眼的位置。

我想辨析的是，为何北大这升级版的国际化计划不太可行，以及到底该如何修正。具体论述时，不断以清华计划为参照系。说北大创办"燕京学堂"是为了与清华的"苏世民书院"竞争，这本身没什么不对；两校之间你追我赶，是个好现象，只是不要因急功近利而脚步变形。记得当年北大刚创办文史哲实验班时，清华提出的追赶方案是文史哲再加中外文，在征求意见的座谈会上，我提醒清华校方注意：学生只有一个脑袋，且每天也只有二十四小时。这回清华走在前，北大为了赶超竞争对手，把好几个功能不同的计划糅合在一起，表面上是"高大上"了，实则模糊了战略目标，留下不少招人攻击的把柄。

第一，必须搞清楚，北大筹办的"燕京学堂"，到底是"中国体验"，还是"高端学术"。对照"燕京学堂"的官网，英文称"为未来的世界领导者提供精英式的中国体验"，与中文的强调"高端学术研究"，明显对不上号（参见高峰枫《谁的"燕京学堂"？》，2014年5月25日《东方早报·上海书评》）。二者之间，我并不厚此薄彼，只是认定功能不同，不宜混淆。而且，我相信英文的介绍是有所本的，因那正是清华走的路："50年内，将有逾1万名学生从这个占地2.4万平方米的书院中毕业,他们会与自己在书院的同学和清华大学其他学生建立起私人的朋友关系,在遇到问题时,这些未来的领导人可以'直接打电话讨论'。"(参见《清华获3亿美元捐建苏世民书院 系研究生培养特区》,2013年4月23日《中国青年报》)这明摆着不是培养专家学者,并不需要严格的学术训练,是服务于国家战略的长期的感情投资。只不过作为后来者,北大希望更上一层楼,话说得太大、太满,反而弄得不可收拾。无论校方如何辩解,这一年制的用英文讲授中国文化的硕士课程,是不可能成为"高端学术"的。一定要这么做,只有两种可能性,或学校降低水准,法外开恩;或学生拼了小命,最终也达不到预想目标。

第二,这到底是"学者项目"还是"硕士项目"?同样是面向全球顶尖大学选拔优秀本科毕业生,清华开设的是"苏世民学者项目",没说给不给学位;北大非要标新立异,说是"一年制的中国学硕士项目",马上引来很多质疑。先不说"中国学",就说这一年制的硕士课程,怎么看怎么不对劲。因北大校内现有两种不同的硕士学位课程,一是学术型,学制三年;二是专业型,学制两年。一般认为三年的比两年的好,如今再来个一年速成的硕士,还说是"高端学术",确实让人丈二金刚摸不着头脑。再说，国外大学的一年制硕士，大都属于创收性质，不怎么被看好，我们为何会格外优待，且高看一眼呢？

第三，这"中国学"到底是"课程"还是"学位"？按照相关法规，北大可独立开设新的二级学科，但颁授"中国学硕士"，必须得到国务院学位委员会的授权。2011年国务院学位委员会、教育部颁布了新的《学位授予和人才培养学科目录》，原属文学门类的艺术学科独立出来，成为第13个学科门类。换句话说，我们国家颁授的学士、硕士、博士三级学位，只能是哲学、经济学、法学、教育学、文学、历史学、理学、工学、农学、医学、军事学、管理学、艺术学中的一个。前些年关于"国学"能不能成为一级学科，给不给颁授独立学位，曾争论了好长一段时间，最终还是被否决。北大这回的"先斩后奏"，我不认为国务院学位委员会能接受。

第四，在中国大学里设置"中国学"，这到底是扬长补短，还是东施效颦？清华没有这个问题，他们在已有的学科体系中运作；北大非要棋高一着，弄出个"除了要文、史、哲贯通，还要中西学术贯通"的"中国学"。无论校方如何强调"坚持中国文化的主体性、中国问题的主体性"，这用英语教授的"中国学"，怎么看都是舶来品。中国都这么强大了，还有必要搁置现行学科体制，引进欧洲的"汉学"或美国的"中国学"吗？我很怀疑。打破凝固的学科边界，建立一个开放的教学科研体系，这与抄袭美国的"中国学"，完全不是一回事。从北大百年校庆开始，我就不断强调，放眼各国好大学，其外国语言/文学/历史/文化研究，与本国语言/文学/历史/文化研究，走的不是一条路。不该以哈佛东亚系或牛津汉学系的立场及趣味，来评价北大中文系，反之亦然。我们有我们的问题，但绝不是移植汉学系或东亚系的眼光能解决的。若这么做，不仅不能"迅速地融入世界"，反而丧失了自家的学术立场与比较优势。

第五，既然主要目标不是培养汉学家或中国学家，而是抢"全世界最聪明的学生"，那就不能要求人家预先学过汉语。基于这一特点，清华实行全英文授课，首期设置的公共政策、经济管理、国际关系这三个领域，全都属于社会科学。北大希望发挥自家人文学功底深厚的优势，于是设计了"哲学与宗教""历史与考古""文学与文化""经济与管理""法律与社会""公共政策与国际关系"六个方向的课程体系，打出来的旗帜是兼及国际化与本土性。殊不知这么一来，用什么语言上课成了大问题。讲中国文学或中国哲学，只说英语，似乎不太对劲；可中英文兼修，学生受得了吗？让这些"全世界最聪明的学生"临时抱佛脚,在一年时间里,又学汉语又赶专业,做得到吗?即便学生咬牙跺脚表决心,没日没夜地赶工,有这个必要吗?两相对照,你会发现,清华的计划基本可行,北大的设想则过于天马行空了。

第六,清华只是笼统地说请大师来讲课,不提待遇,也不说与清华原有教授的关系。这是一个独立运作的项目,授课者是否拿高薪,跟局外人没关系。北大可好,把底牌都翻出来了——为这100名获得全额奖学金的优秀学生,北大准备从现有教师中联合聘任30人,从国内外公开招聘"杰出学者"20人,并邀请"国际顶尖访问教授"20人,并允诺为这些教授提供高薪。70名教授,100位学生,如此师生比,很容易给人留下无限的遐想空间。加上后来有关人士不太恰当的解释,坐实了校方想用这"校中校"来改造北大人文学科的猜忌。

总的感觉是,清华引进了"苏世民书院",没动自家根基,却坐收渔利。北大含辛茹苦,自筹经费,创办"燕京学堂",但因立场摇摆,思路不清,论说含糊,留下了一大堆争议,实在很可惜。

若要我提建议,那就将"燕京学堂"分解为各自独立的三大块,第一块是办一所面向国际的高端的寄宿制学院的原计划,但定位改为类似清华的"苏世民书院","为未来的世界领导者提供精英式的中国体验"。也因此，第一，只发毕业证书，不谈学位问题。这么一来，可化解很多矛盾，也避开了若干激流与暗礁。至于担心因此消减了竞争力与影响力，那是多虑了。因为，在欧美学界，硕士本就不是重要的学位。在北大拿了个一年制的硕士，对于日后从事专业研究的学者来说，可以说不值一提；而对于从政或经商者来说，也没什么实际意义。第二，既然不是培养汉学家或中国学家，可采用全英文教学，但局限在社会科学三个领域，取消原先设计的"哲学与宗教""历史与考古""文学与文化"，改为开设若干人文学方面的选修课。理由是，若专修中国哲学或中国文学，完全不学中文，无论如何说不过去。第三，取消这35%的中国学生，以免成为"留美预备班"。第四，不要再纠缠什么中国特色的"中国学"了，没这个必要，且容易贻笑大方。

第二块是培养真正意义上的"中国学家"，那就按北大的学制及标准，考核及格的方才颁授相关学科的硕士或博士学位。既然拿中国学位，必须学中文，学校不得放水（没听说在哈佛用中文撰写硕士或博士论文的）。给愿意到北大来留学的各国年轻人提供足够的奖学金，尤其关注那些相对贫穷的国家或地区（如非洲以及目前处于转型阶段的东欧国家），这比跟哈佛、牛津抢"最聪明的学生"要有意义得多。目前在北大就读的留学生数量不少，但多属于自费，某种意义上乃学校的创收项目。改变这个思路，招收留学生时，更多着眼于国家的长远利益或学术发展需要。我相信，北大这么做，是有很大吸引力的。

第三块是努力促成"高端学术"的诞生。说实话，研究中国问题，主要还得靠中国学者。不该过多寄希望于美国的中国学或欧洲的汉学，中国大学应立大志向，励精图治，方能重铸辉煌。我多次谈及中国学者如何"不卑不亢"地走出去："依我浅见，当下的中国学界，不要期待政府拔苗助长，也别抱怨外国人不理睬你，更不靠情绪性的政治口号，关键是练好内功，努力提升整体的学术水平。若能沉得住气，努力耕耘，十年生聚，十年教训，等到出现大批既有国际视野也有本土情怀的著作，那时候，中国学术之国际化，将是水到渠成。"（参见《国际视野与本土情怀——如何与汉学家对话》，收入《读书的"风景"——大学生活之春花秋月》，北京大学出版社，2012年）与目前国内各大学之纷纷催逼教师留洋相反，北大完全可以做成吸纳国内精英从事专业研究的平台。考虑到北大已有得到国家大力支持的国际汉学家研修基地，可设立专项基金，支持学有所长的国内学者（含台港澳）来燕园从事一年的专题研究，既出成果，也培养人才，更是尽到我们的社会责任，何乐而不为？

2014年7月17日初稿于京西圆明园花园，
7月30日改定于香港中文大学客舍

（初刊《读书》2014年第9期）

我眼中的内地与香港的高等教育[1]

一、从大学史到大学评论

我的专业是文学研究。从 1994 年写作第一篇有关大学的文章开始,到现在已经二十年了。在这二十年间,我先后出版了《老北大的故事》《大学何为》《大学有精神》与《读书的"风景"——大学生活之春花秋月》四本专门讨论大学问题的著作,以及两本自选集——大陆的《中国大学十讲》与香港的《历史、传说与精神——中国大学百年》。这些书基本上都是大学史研究,偶尔也会涉及当下中国大学问题。但我最近在香港三联与北京三联前后出版

---

[1] 此乃作者 2014 年 6 月 23 日在搜狐教育沙龙上的主题演讲。

的《大学小言——我眼中的北大与港中大》则有些不同。这本书直接面对当下的中国高等教育问题，属于"大学评论"。具体来说，有三个特点：第一，不是洋洋洒洒的高头讲章，而是报刊文章的结集。第二，在以往的著作中，我也会旁征博引，但谈的是美国、德国或日本的高等教育，而在这本书中，除去北大，我只谈了香港的大学——尤其是港中大。第三，有感于近年"大学精神"谈得多了，很容易悬空，不着地，让人无所适从；本书希望借助细节来透视制度，通过制度来体现精神。换句话说，是大处着眼，小处入手。

为什么是香港？二十年前，我们谈到香港这"弹丸之地"的文化与教育，都很不以为然；可二十年后的今天，我们必须承认：对中国内地的高等教育而言，香港的大学已经构成了巨大的挑战；当然，也提供了借鉴。那里的大学，也许不像各种排行榜显示的那么耀眼，但却值得我们重视。

从1998年28名内地学生入读香港中文大学开始，到去年香港各大学在内地招收本科生1590名。今年，这一数字将超过2000。这无疑大大改变香港的高等教育结构。如果我们站在内地的立场来看，香港的大学师资不错，教育体制也可圈可点，但生源却不太理想。因为香港人口

700多万,除去中学毕业后直接申请到海外读书的,剩下的高质量的中学生其实不是很多。而香港的好大学却不少,三所研究型大学——香港大学、香港中文大学与香港科技大学不用说,即便另外五所属于教学型的公立大学也都很不错。此外,还有若干所私立大学。这么多大学来"瓜分"这些学生,就导致生源成了很突出的问题。内地学生正是在这一背景下陆续进入香港的大学。中国政府给予香港的高等教育的最大帮助,是在政策上允许他们零批次录取。这样一来,香港的大学生源很快就发生了变化。我在港中大教书,明显感受到近些年来学生的水平在不断提高。在香港各大学中,大约有10%的本科生来自内地;而在研究生中,这一比例更是超过70%。换句话说,今天讨论香港的大学问题,必须把如此庞大的内地生源包括在内。同样,谈大陆的高等教育,香港的大学也已成了一个重要的参照系。

这些年来,香港各大学的校长雄心勃勃,且业绩很可观。此前,通常认为只有香港大学、香港中文大学与香港科技大学可参与国际竞争,但现在其他大学的排名也都在迅速上升。今年6月13日《文汇报》发了一篇报道,题为《缺乏特色让上海的大学落后于香港》,文中依据新公布的《2013年QS亚洲大学排名(QS Asian University

Rankings）》，指出上海的大学普遍落后于香港。比如，香港科技大学是第 1 名、香港大学是第 2 名、香港中文大学是第 5 名、香港城市大学是第 12 名，而上海最好的大学——复旦大学则是第 23 名。此外，香港理工大学高于上海交通大学，香港浸会大学高于同济大学，华东师范大学落后于岭南大学，等等。上海的这四所名校——复旦、交大、同济、华东师大可都是"985"大学呀。也就是说，香港的公立大学排名基本上都比内地的"985"大学要靠前。我在香港教书，深知这样的排名是有问题的。说香港理工大学的整体学术水平高于上海交通大学，打死我也不相信。

那么，明知不太可信，上海——或者中国内地的大学为何还会如此焦虑？这与香港的大学进入内地以后产生的鲶鱼效应有关。以前，对于大陆学生来说，北大、清华毫无疑问是第一选择；但现在不是了，还有香港的大学值得考虑。我在《大学小言》中写过一则《排名的困惑》，其中引了一段逸事，说的是："上世纪九十年代，原北大校长丁石孙访问香港，有记者问他北大和中大哪一个更优秀，他毫不犹豫地回答：当然是我们北大。"丁校长的态度，代表了我们二十年前的思路：港中大怎么能跟北大相提并论呢？但二十年后的今天，再看各种排名，我们发现港中大确实不可小觑，其国际排名与北大不相上下，明显超过了很多内地名校。当然，这其中有排名本身的问题，不过却也说明了一个基本事实，那就是香港的大学在最近二十年间大踏步发展。我的判断是：在1997年回归以后，香港民众的自信心在下降，但香港各大学的自信心却在倍增。今天，应当祝贺香港有那么多的大学的亚洲排名越来越靠前，可我想反过来追问的是：我们内地的大学呢？

二、中国大学的独立与自信

我第一次到香港中文大学是在1991年。当时我以访问学者的身份在那里从事了三个月的研究。因为那时的香港还没有回归，所以我们各有各的自尊，也各有各的骄傲。此后，我与港中大一直保持着比较密切的联系。在1997回归前后，我看见他们的挣扎，也了解他们的努力。从2008年开始，我成了北大与港中大的双聘教授，合作更多，观察自然也就更为细致。两相比照，我发现：香港的大学越来越自信，内地的大学却越来越不自信。

自信与不自信，并不简单地等同于大学办得好还是不好，而是意味着内地的大学现在换了一个跑道，即所谓"参与国际竞争"。此前，内地与香港的高等教育，可以说是各走各的路，各有各的骄傲。在内地，我们很容易判断哪些大学办得好，好在什么地方。但今天，我们开始进入了一个新的游戏场。对于内地大学而言，这套游戏规则是全新的，显得不太适应。

讨论这个问题，就必须回到1998年——我相信日后教育史家会记得这个年份。那一年发生了两件事情，对于此后内地高等教育的发展影响深远。一是1998年5月4日，北京大学百年校庆在人民大会堂隆重举行。时任国家主席江泽民在纪念大会上提出了"建设世界一流大学"的口号。由此也就产生了一个我们今天都熟悉的名词——"985"大学。一开始国家确定重点支持北大、清华，后来扩展到复旦、南大、浙大、中国科技大、上海交大、西安交大、哈工大。虽然日后列入"985工程"的大学扩展到39所，但核心部分还是2+7。此前，教育部已经发布过"211"计划，即面向21世纪重点建设的100所大学。所有这些——"2+7""985""211"，对内地大学发展的影响是决定性的。二是经历1998年的经济危机，作为对策之一，中国政府决定扩大高等教育规模，从次年起大规模扩招。所以，近15年的内地高等教育，基本是在两条很不一样的道路上奔跑，一是追赶世界一流，一是拼命扩招。

我所在的北京大学得到了国家及民间很多的支持，是这一系列工程的受益者。但与此同时,让我感觉不安的是，那些被排斥在"985""211"之外的大学的处境却越来越艰难。现在内地的高等教育,就像金字塔一样,备受关注的是处在顶端的大学,而很少人认真讨论那些中间或者底层的大学。这些年,我有意识地走访了很多非"211"大学,包括开封的河南大学、太原的山西大学、保定的河北大学、兰州的西北师范大学、福州的福建师范大学,等等。在我看来,这些也都是好大学,有的甚至已经有110年的历史。但遗憾的是,在现行的制度设计中,这些非理工科的或者不以理工科见长的综合性大学与师范类大学,一下子就被打垮了。校长很难找到较为充裕的经费,学校的发展通常遇到瓶颈。所以,我特别感叹,办一所好大学很不容易,但整垮一所好大学却不是很难。二十年来,非"211"大学与"211"大学的差距越来越大。当我们观赏北大、清华高歌猛进的时候,必须回过头来考虑这些非"211"大学的艰难。

目前中国的高等教育,采取的也是"举国办奥运"的思路。换句话说,既然暂时没办法让全民都热爱体育且身体康健,那就先把一小部分人集中起来加强训练,目标是奥运会金牌。但不能忽视的是,就像中国足球一样,底层的水平上不来,顶端肯定也会出问题。如果没有很好的教育规划,单靠几所名牌大学,内地的高等教育恐怕也是无力承担"实现中华民族伟大复兴"的历史重任的。

除去制度设计的问题，大学排名也是影响当下高等教育发展的一个重要因素。今天，你见到任何一所大学的校长或书记，几乎都会跟你说他们学校的排名问题。即便不是全球排名，至少也是全国排名。我经常特别惊讶地听到一些数字，后来逐渐明白，每所大学都是选择某一年某一排行榜甚至某一单项中自己的最佳位置进行宣传。校长书记们也许并不真的这么想，但现实的压力使得他们只能这么说。记得香港中文大学校长沈祖尧教授曾宣布港中大不参与排名，马上就在排行榜中跌了下来。校友们纷纷关心，到底发生了什么事，母校排名为什么跌得这么快？校长没办法，只好又重新回到这套游戏规则中来。这就是我刚才说的，我们开始在转轨，都在努力适应一套新的游戏规则；相对而言，香港的大学基本适应，内地的大学却身心俱疲。

十几年前，我说过一句话，此后被广为征引。那是在《国际视野与本土情怀》一文中，我提出："大学不像工厂或超市，不可能标准化，必须服一方水土，才能有较大的发展空间。百年北大，其迷人之处，正在于它不是'办'在中国，而是'长'在中国——跟多灾多难而又不屈不挠的中华民族一起走过来，流血流泪，走弯路，吃苦头，当然也有扬眉吐气的时刻。你可以批评它的学术成就有限，但其深深介入历史进程，这一点不应该被嘲笑。如果有一天，我们把北大改造成为在西方学界广受好评、拥有若干诺贝尔奖获得者，但与当代中国政治、经济、文化、思想进程无关，那绝对不值得庆贺。"但现在的中国高等教育，却正是走在这么一条无关"本土情怀"的"标准化"的道路上。

三、改革太急与期待太高的中国大学

单就国际排名而言，香港的大学无疑比内地更占优势，因为他们的整个高等教育制度都是拷贝欧美大学，大多数教授也都在欧美大学接受教育。而今天中国大学响彻云霄的"国际化"口号，说白了就是以欧美大学为标准。所以，香港各大学的国际排名比内地高，并不意味着其实际水平如此美妙。内地的大学现在都面临着转换跑道的问题，也就是我们通常所说的"与国际接轨"。我常追问：究竟是哪个"轨"？又应当如何"接"？国外的好大学并非都是同一模式，每个在海外接受过高等教育的学者，都有自己心目中"理想大学"的范型。有人认为是德国的，有人认为是英国的，有人认为是日本的，更多的人认为是美国的——而美国东部的大学与西部的大学风格不太一样,公立大学与私立大学的发展道路也迥异。在我看来,"接轨说"误尽苍生。今天的中国大学都想接轨,但又都心有余而力不足,总是接得不顺。为什么?主要有两个原因:一是我们的包袱太沉重,二是我们走的本来就不是这条轨。现在中国高等教育的转轨,转得太急了,弄不好是会翻车的。

如此立说,并非否定中国大学必须改革,而是希望官员及公众对于"转轨"的期望不要太高,并不是"一转就灵"的。其实,所有的大学都在转变。比如,今天的欧美大学与二战以前已经有很大不同,但他们基本上都是大学自己在"摸着石头过河"。而中国的情况比较特殊,是在政府的号令下连续急转弯的。无论是当初的大学升级,还是日后的大学合并、大学扩招,以及近期的改普通教育为职业教育,几乎都是政府一声令下,各大学秣兵厉马,气势恢宏、步调一致地开始转轨。完全由政府决定大学应当往哪个方向转,且有明确的时间表,对于高等教育的发展而言,其实不太有利。

从1998年到现在,中国大学改革的步伐不可谓不大。可办教育的人必须明白,教育是一项长期工程,急不得。当你把手中的石头丢进大海,等到涟漪荡向岸边,是有很长的路要走的。如果你追求"掷地有声",那只能是在面积很小的水塘,或者一口枯井。古人明白这一点,所以才会有"十年树木,百年树人"的说法。整天强调"世界一流",不是理想的状态。在我看来,办教育应当拒绝急转弯,拒绝大跃进,不急不慢,不卑不亢,走自己认准的路。这样坚持五年、十年、二十年,中国大学才有可能走出一条适合自己的"康庄大道"。

到过国外大学的人都知道,校园里很安静。可是回到中国内地,几乎所有大学都是一派热火朝天的景象。校长不断在制定发展计划,系主任也是踌躇满志,甚至每位教授都热血沸腾。这样的画面令人感动,但我必须说,这样的状态也让人担忧。大学改革,应当少安毋躁。从十五年前的大学扩招到今年的要求600所大学转为职业教育,一路走来基本上都是对于先前政策的调整与否定。这样不断地急转弯,非常伤人,办教育的人要懂得,一个错误的决定,必须用十个很好的主意才能弥补过来。学生不应当成为小白鼠,大学也不应当成为小白鼠。一个重要政策出台,一代学生的命运也就与之直接相关。所以,教育的实验必须小心翼翼,特别忌惮连续急转弯。宁肯胆子小一点,步子慢一点,追求的效果是"移步变形",而不应该是"日新月异"。

中国大学之所以步履匆匆，源于国人的期望太高。今天讨论教育问题的人，主要有两种思路：一是"向外看"，喜欢谈哈佛如何、耶鲁怎样；一是"向后看"，极力表彰民国大学如何优异。这两种思路，各有其道理。作为"借镜"，两者都是很不错的资源。但需要警惕的是，没必要借此对当下中国大学"拍砖"。我在演讲的时候，经常会遇到热心听众提问，开口就是"中国没有大学"。我明白他的立场，但这样的表达是有问题的。中国不仅有大学，还有很不错的大学。中国大学"在路上"，请多一点点掌声，少一点点砖头。

现在有一种流行观点，说民国大学多好多好。可是持论者必须明白，今天的中国大学同样需要一种"了解之同情"。民国大学是一种精英教育，这与今天我们的高等教育模式很不一样。整个民国年间的社会动荡姑且不论，即便是在局势相对稳定的1930至1937年间，在校大学生也就4万多人。等到抗战胜利，这一数字有所增加，也不过8万多人。而今天则是每年大约2600万人在大学念书，二者很难同日而语。再如，当我们追怀民国大学的独立精神时，既要看到校长与教授争取自由的努力，同时也得承认这与民国年间教育部的管理不细、经费有限直接相关。所以，当下中国大学的困境必须直面，不是召唤"民国大学"的亡灵就能解决的。

大学史的研究也好，大学评论也罢，都应当是一种有情怀的学问，追求的是启示，而非影射。大家应当明白，中国大学不可能迅速地"世界一流"，所以还请大家多一点耐心。世界上没有一个国家像中国目前这样全民都在关心大学问题。过于受关注，以至于没有办法从容地坐下来，喘一口气、喝一口水，这对大学发展是很不利的。"五四运动"的时候，蔡元培在把被捕的北大学生营救出来后，留下一句"杀君马者道旁儿"，就离开了北京。这是借用汉代应劭《风俗通》的话，意思是说，对于骑快马的人而言，道旁观众越是喝彩，你就越快马加鞭；马被催得越跑越快，最后就气绝身亡了。对待中国大学，同样是这个道理，今天被追问为什么还不"世界一流"，明天又希望你多得诺贝尔奖，很可能导致中国高等教育步伐不稳，产生一系列的问题。

在《大学何为》的序言中，我曾谈到："并非不晓得报章文体倾向于'语不惊人死不休'，只因为我更欣赏胡适创办《独立评论》时所说的，作为专家而在公共媒体上发言，要说负责任的话，既不屈从于权威，也不屈从于舆论。大学改革，别人说好说坏，都可以斩钉截铁，我却深知兹事体大，休想快刀斩乱麻，毕其功于一役。历史证明，那样做,不只不现实,而且效果不好。"这本《大学小言》,同样如此。希望我所描述的香港的大学可以成为我们讨论内地大学问题时的一面镜子,但不是"砖头";让我们理解我们走过来的道路,以及我们能够达成的目标。

(初刊《探索与争鸣》2014年第9期,刊出时改题为《内地/香港互参:中国大学的独立与自信》)

中国私立大学的现状及出路

记得是 1989 年的岁末,天很冷,应邀跑到城里的和平宾馆,跟几位日本朋友商谈在中国创办私立大学的可能性。我的答复是:不是不想做,而是没有可能性。值得尝试的,或许是创办学术杂志。日本朋友很热心,说干就干,于是有了上世纪 90 年代在中国学界颇有影响力的同人刊物《学人》。大概从那时起,我开始关注中国的民办教育。跟许多披荆斩棘的先驱不同,我从未真正介入其中,只是保持一种"遥远的兴趣"。

正是这种"观察者"的自我定位,使我写不出《中国民办教育》(陶西平等主编,北京:教育科学出版社,2010 年)或《我国民办高校内部管理体制改革和创新研究》(徐绪卿,北京:中国社会科学出版社,2012 年)之类的专门著作。可另一方面，因发表过不少大学史方面的专业论文，我谈当下中国的民办教育或私立大学，不限于一时一地的得失，而是在古今、中外、公私的巨大张力中展开论述，因此会有较为开阔的学术视野以及历史纵深感。

我之谈论百年中国的私立大学或民办教育，或专论，或随感，已经刊发了的，不值得再三唠叨。只是因缘际会，今年我多次应邀谈大学，以下三次部分涉及此话题——4月9日在美国乔治·华盛顿大学讲"当代中国大学的步履与生机"、7月15日在中山大学南方学院讲"从'私学传统'到'民办教育'"、8月21日在厦门党校讲"当代中国大学的制度、文化及精神"。这才促使我重新梳理思路，力图较好地阐述我心目中"中国私立大学的过去、现在与未来"。

二十多年前，我曾撰写《章太炎与中国私学传统》（《学人》第二辑，南京：江苏文艺出版社，1992年7月），谈及章太炎对中国私学传统的推崇，在学术精神上是力主自由探索"互标新义"，反对朝廷的定于一尊与学子的曲学干禄；而在具体操作层面，则是借书院、学会等民间教育机制，来传国故、继绝学，进而弘扬中国文化。章太炎一生坚持私人讲学，多次拒绝进入大学当教授，有其明确的学术追求。而同样对传统书院充满敬意，但更倾向于与现代教育体制接轨的唐文治,则在创办无锡国专上下了很大功夫,且有很好的成绩(参见陈平原《传统书院的现代转型——以无锡国专为中心》,《现代中国》第一辑,湖北教育出版社,2001年6月)。至于张伯苓的南开,我曾如此描述:"如果说二十世纪中国高等教育有什么'奇迹'的话,那么,很可能不是国立大学北大、清华的'得天独厚',也不是教会大学燕大、辅仁的'养尊处优',而是私立学校南开的迅速崛起。"(《阅读"南开"》,2000年4月12日《中华读书报》)此外,马相伯之创办复旦大学(1905年)、陈嘉庚之创办厦门大学(1921年)等,也都值得认真表彰。

当然,上面提及的南开、复旦、厦大,日后都在某个节骨眼上改弦易辙,变成了国立大学。这正是我要讨论的话题——为何曾经前程似锦的私立大学,非改为国立不可? 1937年春,因企业破产,陈嘉庚在独力维持厦大费用16年后,不得不放手,函请南京国民政府将私立厦门大学改为国立。全面抗战爆发,复旦大学整体内迁重庆北碚,为争取政府经费支持,1941年改为国立。同样是1937年7月,张伯苓的南开大学惨遭日军狂轰滥炸,8月奉命与北京大学、清华大学合组国立长沙临时大学,第二年改国立西南联合大学。1946年4月9日,教育部宣布，因抗战胜利重返天津的南开大学改为国立，张伯苓仍是校长。

作为南开的大家长，张伯苓对于南开大学改国立，其实是不太情愿的。1945年8月，张曾两次给蒋介石写信，第一封信称："南开大学未来之发展，需费颇巨。在最初十年所需之款，拟请按照北大、清华经费数目，由政府拨付。"第二封信又说："南开在战前由政府每年拨给之补助费，约占全部经费三分之一。抗战开始，南开与国立北京、清华两大学合组为西南联合大学后，其经费全由政府拨发。战后三校分别恢复，而南开居于私立地位，又当八年苦战方告结束之时，疮痍满目，各方募款不易进行，复校殊感困难。拟请政府成全始终，对于南开复校第一年所需经费准照北京、清华两校经费比例，由政府全数补助，嗣后逐年递减十分之一，至第十一年，即全由南开自行筹款。"而1947年7月《南开周刊》"南大介绍专号"上更是发表了《世界、中国、南开》："南开大学现改为国立，限期十年，期满仍改私立。"当然，我们都知道，那只是张校长的一厢情愿。紧接着的风云变幻，决定了南开不可能再走回头路。

新中国成立后，民国教育体制及课程设计被彻底否定，中国大学来了个急转弯。这里不说为适应新的意识形态,大学里开设各种政治课;也不说接受苏联的经验及指导,进行了大规模的院系调整,单是这整顿私立大学与教会大学,已足够惊心动魄。经过短暂的过渡,至1952年年底,所有中国大学都变成了国立(公立)。至于原来的情况,查1934年度的《民国以来国内高等教育之演变》(收入1936年10月教育部统计室编印《二十三年度全国高等教育统计》),那年全国共有高校110所,扣除31所专科学校,这79所大学(含独立学院)中,公立37所,私立42所。撇开独立学院,这20所私立大学分别是:燕京大学、金陵大学、东吴大学、辅仁大学、齐鲁大学、震旦大学、武昌华中大学、华西协和大学、岭南大学、沪江大学、南开大学、厦门大学、中法大学、复旦大学、武昌中华大学、大同大学、光华大学、大夏大学、广东国民大学、广州大学。前10所是教会大学,后10所是国人所办私立大学。此后10年,战火纷飞,中国大学不时峰回路转。至新中国成立,私立大学的力量,仍是三分天下得其一,其中不乏声誉很好的名校。熟悉中国教育史的人都知道,自孔子首开私门讲学与著述,两千年来,私学与官学并存,在某些特定时期,前者对中国学术文化的贡献甚至比后者还大。一旦将大学全部改为国立(公立),虽有效地实现了意识形态的控制,但增加了国民经济负担,也助长了教育主管部门的权力欲望，效果其实并不好。

改革开放以后，政策逐步松动，上世纪90年代中国教育的一大景观，便是私立学校的大量涌现。1993年年初公布的《中国教育改革和发展纲要》提出："改变政府包揽办学的格局，逐步建立以政府办学为主，社会各界共同办学的体制。"当年年底我接受日本《文》杂志专访，预言私立学校的恢复必将对整个社会的思想文化产生越来越大的影响："教育体制的改变，短期内是'救急'，即调动民间的资金，为提高全民族的文化素质做贡献。长远来看，对实现教育的相对独立，允许并鼓励多种声音、多种观念的并存，进而改变已有的中国文化格局，会有更加积极的影响。"（参见陈平原《学者的人间情怀》第43页，北京：三联书店，2007年）。现在看来，这预言有些过于乐观。

从培训班起步，三十年来，民办教育历尽艰辛，为国家解忧，为百姓解难，对中国高等教育的大发展，作出了突出贡献。而且，在这一过程中，许多民办大学完成了自身的原始积累，拥有漂亮的校园以及基本师资队伍，初步树立起自家的品牌。据今年7月教育部发布的《2014年全国教育事业发展统计公报》，全国共有普通高等学校2529所（含独立学院283所，比上年增加38所）；其中本科院校1202所（比上年增加32所）、高职（专科）院校1327所（比上年增加6所）。在另一个地方，公报提及"民办教育"：全国共有民办高校728所（含独立学院283所），比上年增加10所，在校生587.15万人（比上年增加29.63万人），其中硕士研究生408人。这里有几点值得注意：第一，今天中国，10个大学生中有2个以上是在民办（私立）大学读书的；第二，民办大学也在逐渐升级，如今有的还可招收硕士生；第三，对于这283所独立学院，不再称其为"公有民办"，而是明确划为"民办教育"，也就是私立大学了。第四，随着独立学院的转型与升级，有可能出现一批教学质量较好的私立大学。既然成绩如此辉煌，为何我还是检讨当初的预言过于乐观呢？

在我看来，中国民办高校（或曰私立大学）的意义，一是培养各类人才，二是试验新的体制，三是刺激公立大学。第一个任务完成得很好，第二个任务有所推进，第三个任务完全落空。今天中国的私立大学，对北大、清华为代表的国立大学，可以说构不成任何挑战与启示。

十年前，我应陕西电视台"开坛"节目的邀请，作为主讲嘉宾，与西安6所民办学院的校长展开对话，对他们直接套用美国及日本的例子，来推测中国民办大学的未来，我不以为然。那年头，民办学院因获得较好发展，正气势如虹,不再满足于获得专科或本科学位授予权,有的甚至提出要办"中国的哈佛"。我当时的回应是:"民办(私立)大学中,经过一番大浪淘沙,会冒出一些名校;这些名校逐渐成长,总有一天可以跟著名的国立大学相媲美。但这需要很长、很长的时间。目前中国的民办大学,仍在起步阶段,提过高的要求,明显不合适。"(参见《我们需要什么样的大学》,《书城》2005年9期)这就说到了我心里的那杆秤——早年燕京大学、南开大学等私立大学所取得的业绩,岂是今日中国诸多私立大学所能比拟?

我最想追问的是,为何私立中小学及幼儿园办得有声有色,不少名校在当地甚至排到数一数二的位置,而私立大学则举步维艰?我的判断是,基础教育已经实现了市场化,只要投资人及经营者高瞻远瞩,创新体制,加大投入,就能吸引好师资及好学生。另外,民众对一所中学的评价,往往以高考成绩为衡量标准,比较容易操作。办私立大学明显复杂多了,故至今仍然难有大的突破。

一般认为,中国私立大学的困境,是政府决策一手造成的。不久前,"搜狐读书"为《抗战烽火中的中国大学》的出版组织对话会,中国教育科学研究院的储朝晖就坚称,只要消除歧视政策,私立学校很快就会赶上公立大学,超越北大、清华也只是个时间问题。我则没有那么乐观。

或许，中国发展私立大学的"最佳时机"已经过去了——若上世纪50年代初没有中断，或80年代初重新起步时有好的设计，那情况完全不一样。目前这个状态，私立大学还能长期生存，但不可能再有当年燕京或南开那样的辉煌了。理由是："第一，我们现在不允许宗教势力办大学，只有宗教——不管是佛教、道教、基督教、伊斯兰教，愿意不求商业回报地投入到教育里面。至于个人捐资办大学，现在过了最佳时机。诸位必须明白，1910年代办私立大学所需要的钱，跟今天完全不一样；而1910年代政府对于国立大学的投入，跟今天也完全不一样。我的家乡是潮州，那里有所汕头大学，是李嘉诚先生帮助办的。筹备时，据说邓小平建议他办成私立大学，李先生没接受；还是公立大学，只不过由他独家赞助。将近三十年，投入了60多亿港币，这已经非常了不起了。可你知道，今天清华大学一年的经费有多少？100多个亿。当年陈嘉庚创办厦门大学，或者张伯苓办南开大学，不需要那么多钱的，先办起来，逐渐成长。而且，那时候北大也穷，南开薪水还比较稳定，故南开还能跟北大、清华抢老师呢。"(《陈平原、储朝晖谈抗战烽火中的中国大学》，2015年8月27日"搜狐读书")当然，理由还有第二、第三等，这里就不引了。

办大学，尤其是研究型大学，单有钱不行，没有钱也是万万不行的。目前中国的基金会或私人捐赠，主要投向了著名大学，愿意支持私立大学的，少而又少。而单靠收学生学费，是无法成长为一流大学的。你会说钱少没关系，我们可以办"小而精"的文理学院；可没有规模效应，私立大学连生存都成问题。请记得，目前中国的私立大学，基本上是"投资办学"，而不是"捐资办学"；即便有人想捐资办学，也无法支撑"多元化巨型大学"的庞大经费。算清了这笔账，就不会将"办中国的哈佛"或"超越北大清华"，作为今天中国私立大学奋斗的口号。

其实，除了政府的态度，还有民众的期待心理。一个简单的事实是，民众普遍更信任公立大学，只有高考成绩不理想，才会"屈尊"选择私立大学。这一点，单看各私立大学为抢生源而各出新招、怪招，就很清楚。不仅学生如此，教师也一样。中山大学南方学院别出心裁，跑到台湾去招教师，去年聘了15名，今年又来27位。据2014年9月15日《羊城晚报》称，这些获聘的台湾博士实行年薪制，讲师20万元/年起，教授30万元/年起，此外还为每位博士提供10万元的科研经费和10万元的安家费。如此待遇，明显高于内地聘用的教师。我问校长此举是不是政府授意，属于统战文章？回答出乎我的意料：确实是他们自作主张，与政府无关。为什么这么做？因大陆培养的博士，稍有水平的，很少愿意到私立大学工作；而台湾教师的职业习惯很好，除了承担教学任务，3年合同期中，还承诺发表3篇SCI论文。更重要的是，他们并不怎么计较这大学到底是姓"公"还是姓"私"。这让我想起来，台湾那边私立大学的传统没断，辅仁、东吴、淡江、东海、世新等私立大学，状态都很不错。大陆不一样，民众对私立大学，即便不说歧视，起码也是低看一眼。

今年4月，我在美国演讲中提及今日中国的高等教育，中外合作办学渐入佳境，不再局限于具体项目，而是扩展到独立办学。这种中外合办的大学，可以自主确定课程（开设或不开设政治课）、学费（与境外大学持平）及薪酬（招聘优秀教授），规定董事会领导下的校长负责制等。"未来若干年，这些大学若进展顺利，将很有可能搅动一池春水。"（参见陈平原《当代中国大学公平发展的步履与生机》，《探索与争鸣》2015年第5期）在我看来，外国名校大举进入中国，将进一步挤压中国民办（私立）大学的生存空间，堵塞其向上发展的通道。

原先预想私立大学可凭借其机制灵活的优势，上下求索，左冲右突，实现某种制度创新，反过来逼迫国立大学转型与升级，且在此过程中逐渐站稳脚跟，获得学界及社会的广泛认可,现在看来,不说希望渺茫,也是步履艰难。未来二十年,中国的私立大学仍会有较大的腾挪趋避空间,但也面临日渐严峻的考验。可以说,这个机会稍纵即逝。原因是,在政府大力扶持国立名校以及中外合作办学渐入佳境的双重夹击下,现有的私立大学(含独立学院),要想冲出重围,脱颖而出,不是很容易。若长期没有明显进步,停留在低端办学层次,等到少子化局面真正形成,招生日渐困难,将面临被淘汰的厄运。

同样是私立大学,比起国人喜欢谈论的美国的哈佛、耶鲁,日本的庆应、早稻田,我觉得香港的新亚书院、树仁大学,以及台湾的东海大学、世新大学,其创办过程中的意气与坎坷,更值得我们参考。我曾应邀在某私立大学介绍这四校如何确立办学宗旨、招揽好学生、延聘名教授,还有办学特色的追求、大学理念的坚持等,听众反应很好。毕竟,哈佛的榜样,对于今天中国的私立大学来说,还是太遥远了。

如何保护私立大学创办者的合法权益以及办学自主权,因牵涉政策层面,非我辈书生所能指点。我这里只谈三个迫切需要解决的问题:第一,政府如何支持同样出人才的私立大学。目前中国的民办(私立)大学,基本上全靠学生学费,加上银行贷款,这样的财政状况,不可能在学术研究上投入过多，因而也就很难有效提高教学及研究水平。我的设想是，除了允许他们参与公平竞争，申请各种科研经费（目前有的基金已允许），还有就是应该给予一定比例（相对于公立大学）的生均拨款。我不认为大学"私立"，政府就可撒手不管，任其自生自灭。美、日两国著名的私立大学，运营经费相当可观，主要是接受捐赠和收取学费，此外还有中央及地方政府的财政拨款，还可以通过科学研究、经营及其他服务获取一定收入。因此，也有学者认为，"并没有真正的'私立'高等教育这种事情"（参见弗兰斯·F. 范富格特主编、王承绪等译《国际高等教育政策比较研究》第406页，杭州：浙江教育出版社，2001年）。考虑到教育的重要性，以及私立（民办）大学在当代中国所占比例非同小可，政府必须认真对待这个问题。

第二，私立大学内部管理制度比较灵活，故有不少创新之举，很值得期待。只是教师往往因教学任务过于繁重，没有从事学术研究的精力与动力。所谓"将近一半甚至超过一半的高校在 CSSCI 论文、CSCD 论文、SCI 论文、部级及以上课题以及发明专利等方面尚停在'零状态'"（参见汤建民《2014 中国民办本科院校及独立学院科研竞争力评价研究报告》，《高教发展与评估》2015 年第 3 期），实在是很令人遗憾的。这主要是校方的责任——既然叫大学，即便倾向于职业培训，也需要一定的学术研究；而新入职的青年教师，不少是获得博士学位的，应该有这方面的要求与扶持。

第三，是否以及如何礼聘国立大学的退休教授到私立大学任教，这牵涉学校的意愿、学生的接受、社会的观感以及政策的制定等。按目前制度，很多教授（尤其是人文学者）退休后仍有巨大的发展空间。而私立大学礼聘国立大学的退休教授，这在很多国家及地区，都有成功的经验，是其迅速提升学术水平的不二法门。想想日本学士院院士、原东京大学教授田仲一成退休后转战多所私立大学，或者原台湾大学教授、现世新大学特聘教授曾永义荣膺"中央研究院"院士的故事，你就明白这可供发挥的"余热"有多大。至于是否因此挤占了年轻人的生存空间，以及统计时能否将其业绩计入，我不觉得是很大的障碍。关键在于，是否必要以及如何提升私立大学的学术水准。

2015年10月15日于京西圆明园花园
（初刊2015年10月30日《文汇报》，刊出时改题为《中国或已错过发展民办大学最佳时机》）

现代中国大学的六个关键时刻

"大学"是个高雅、时尚但又平易近人的话题,谁都想说,谁都能说上几句;但要真想说好、说透,还真不容易。开口之前,先说三句闲话,以确立讨论的前提。

第一,中国的高等教育,分成3000年的"大学"和100多年的"University",二者并非同根所生,很难直接过渡。承认中国的高等教育历史悠久,资源丰厚,但目前实行的大学制度,却是道地的舶来品。因此,谈北京大学的起源,不该从西汉说起;谈原中央大学的故事,不该从南朝说起;谈湖南大学的校史,也不该溯源到北宋的岳麓书院。这一点,目前学界及教育主管部门基本达成共识。

第二,校史溯源需实事求是,对于具体的大学来说,并非推得越前越好。很高兴我先后就读的两所大学都能固执己见,屹立不动。北京大学咬住1898年创办的京师大学堂,没有推到京师同文馆成立的1862年——后者于1902年并入京师大学堂;中山大学以1924年孙中山手创国立广东大学为起点,只在溯源时谈及此大学乃由国立广东高等师范学校(1905)、广东公立法科大学(1905)以及公立农业专门学校(1909)、广东公立医科大学(1909)合并而成。相对于欧美诸多老大学,中国大学虽年轻,但有志气,只要努力,总有一天能赶上并超越对方。因此,没有必要挖空心思将校史前移。最近这些年,若干大学借重修校史而不断地花样翻新,我以为此风不可长,但此处不细谈。

第三,为什么要阅读大学?几年前,我曾专门分辨"上大学"与"读大学"的差异,主张"不仅接受学校里传授的各种专门知识,还把学校传播知识的宗旨、目标、手段、途径,作为一种特殊的'文化'来加以反省,而不是盲目地接受或拒斥"[1]。在这个意义上,"大学史""大学文化""大学精神"是每个在校念书或工作的朋友都应

---

[1] 参见陈平原《阅读大学的六种方式》,初刊2009年2月9日《解放日报》,收入《读书的"风景"——大学生活之春花秋月》,北京大学出版社,2012年。

该多少关心的话题。

暂时搁置校史溯源方面的争议,就说中国人向西方学习而创办现代大学的这120年间的是非曲直、功过得失。为求简单明快,这里选用六个蕴含巨大能量且充满戏剧性的"关键时刻"来加以描述。唯一需要说明的是,有些事件对中国高等教育影响十分深远,但更适合于在政治史上论述,这里从略,比如"反右"运动或文化大革命。本文讨论的现代中国大学史上的六个关键时刻,包括1905年的废除科举、1919年的学生运动、1937年的大学内迁、1952年的院系调整、1977年的恢复高考、1998年的大学扩招与争创一流。

一、废除科举的功绩

科举制度的弊端,此前多有揭露与批评;但真正的变革,不能不从戊戌变法说起。光绪二十四年(1898)四月二十三日,光绪皇帝召集军机全堂,下诏更新国是,变法自强。不只光绪皇帝之"改革宣言"着重谈教育,百日维新期间,康有为总共上了37封奏折,其中三分之一涉及废八股、兴学校、派留学、选人才。称戊戌变法乃以教育改革为突破口,当不为过。这是因为,晚清士人普遍相信,教育落后，乃中国屡战屡败的症结所在。百日维新虽然以流血告终，可康梁等人主张的新政实际上仍在悄悄实行，废科举、开学堂更是大势所趋。1901年张之洞等奏请"分乡会试中额，以为学堂所中举人进士之额"[1]；1903年张百熙等奏请"自下届丙午科起，每科分减中额三分之一，俟末一科中额减尽以后，即停止乡会试"[2]；到1905年袁世凯等奏请"立停科举以广学校"，疏入，奉上谕："即自丙午科为始，所有乡会试一律停止，各省岁科考试亦即停止。"[3]至此，自隋代开始，实行了1300百年的科举制寿终正寝。撇开意识形态的纷争，20世纪中国教育的大格局，其实是在晚清一代手中奠定的。

为什么晚清的政治及教育改革，必须落实在废除科举，袁世凯等人1905年奏请立停科举折说得很实在，也很清楚："科举一日不停，士人皆有侥幸得第之心，以分其砥

---

[1] 参见张之洞等《筹议变通政治人才为先折》，舒新城编《中国近代教育史资料》上册，第53页，北京：人民教育出版社，1961年。

[2] 参见张百熙等《奏请递减科举注重学堂折》，舒新城编《中国近代教育史资料》上册，第61页。

[3] 参见《清帝谕立停科举以广学校》，舒新城编《中国近代教育史资料》上册，第66页。

砺实修之志"，因此，"欲推广学校，必自先停科举始"[1]。废除科举的上谕发布不久，严复在上海的环球中国学生会演说，称："不佞尝谓此事乃吾国数千年中莫大之举动，言其重要，直无异古者之废封建、开阡陌。"[2] 此举关系重大，当初虽不无抱怨，但反抗力量其实很小，因为从封疆大吏到维新志士，大都予以认同。

这里引三位阅历、立场及趣味不太一样的重要人物——章太炎、林纾、严复——看他们如何谈论废科举、开学堂。1906年，章太炎作《与王鹤鸣书》，从早年的攻击科举，一转而为挑剔学校的诸多弊病："科举废，学校兴，学术当日进，此时俗所数称道者。远观商、周，外观欧、美，则是直不喻今世中国之情耳。中国学术，自下倡之则益善，自上建之则日衰。"[3] 这里所批评的，不是学校作为一种教育体制的优劣，而是因其得到朝廷的提倡而可能成为新的利禄之途。终其一生，章太炎坚持在野立场，对"暴政"与"利禄"对学术的双重摧残有深刻的体会，因而对

---

[1] 参见《清帝谕立停科举以广学校》，舒新城编《中国近代教育史资料》上册，第63页、64页。

[2] 《论教育与国家之关系》，《严复集》第一册，第166页，北京：中华书局，1986年。

[3] 《与王鹤鸣书》，《章太炎全集》第四卷，第152页，上海人民出版社，1985年

朝廷兴学的诚意及效果抱怀疑态度。也就是说，认准"学在民间"的章太炎[1]，其批评兴学堂，并不意味着对科举制度有所迷恋。

五四时期与新文化人直接冲撞的林纾，在晚清可是坚定的维新志士。1907年，林纾在《〈爱国二童子传〉达旨》中称："强国者何恃？曰恃学。恃学生。恃学生之有志于国。尤恃学生人人之精实业。……今日学堂，几遍十八省，试问商业学堂有几也？农业学堂有几也？工业学堂有几也？医业学堂有几也？朝廷之取士，非学法政者不能第上上，则已视实业为贱品。中国结习，人非得官不贵，不能不随风气而趋。"在林纾看来，只有学生们愿意攻读实业，才是国家之福。因此，"吾但留一日之命，即一日泣血以告天下之学生请治实业以自振"[2]。可让林纾意想不到的是，正因新式学堂日渐注重"实业教育"，这一时代潮流，反过来促使林纾等传统文人日渐边缘化。

最值得仔细观察的还是严复。严复本人1879年留学英国归来，第二年被李鸿章聘为天津水师学堂总教习，10

---

[1] 参见陈平原《章太炎与中国私学传统》，《学人》第二辑，南京：江苏文艺出版社，1992年7月。

[2] 参见林纾《〈爱国二童子传〉达旨》，载薛绥之、张俊才编《林纾研究资料》，第113—115页，福州：福建人民出版社，1983年。

年后任总办（校长）。对于这位并非"正途出身"的严复，居上位者不能不用，可也不便重用。因为，那个年代，科举成功是人才最主要的标志。"咸云科目人，转皆台阁。不者亦清流，师友动寥廓。"[1] 这种尴尬的处境，迫使严复不得不多次参加徒劳无益的科举考试。直到科举废除后的1909年，严复方才被钦赐文科进士出身。读《见十二月初七日邸钞作》，不难体味严复苦涩的心境："自笑衰容异壮夫，岁寒日暮且踟蹰。平生献玉常遭刖，此日闻韶本不图。"[2] 正是这种屈辱与不平，使得严复对举业深恶痛绝。1895年严复撰《救亡决论》，开篇就是："天下理之最明而势所必至者，如今日中国不变法则必亡是也。然则变将何先？曰：莫亟于废八股。夫八股非自能害国也，害在使天下无人才。"[3] 1898年，严复《拟上皇帝书》，痛陈"破把持之局"，同样专门以科考为例[4]。因此，对于废除科举，严复虽然只"言其重要"，没做更多的价值评判。但我相信，他内心深处是十分赞同的。

废科举，开学堂，是那个时代开明人士（包含封疆

---

[1]《太夷继作有"被刖"诸语见靳,乃为复之》，《严复集》第二册，第368页。
[2]《见十二月初七日邸钞作》，《严复集》第二册，第378页。
[3]《救亡决论》，《严复集》第一册，第40页。
[4]《拟上皇帝书》，《严复集》第一册，第76页。

大吏）的最大共识。当初中外媒体一致叫好，日后历史学家也多是高调赞许。但最近10年，学界风气有所变化，或以科举制度对汉文化圈诸多国家以及西欧国家启蒙运动的影响来为其鸣冤叫屈；或抱怨废除科举使得读书人离心离德，最终导致清廷的覆灭；还有将儒家文化失落、道德人心沦丧归之于废科举。我就想说一句话：科举制度的史学研究，与晚清废科举的价值判断，二者不能混淆。说绝对点，没有晚清的废除科举，就没有20世纪中国大学的辉煌。

科举的作用是取士，至于育才的工作，主要由书院或学校承担。我对20世纪中国教育成功移植西洋制度表示欣赏，但对其抛弃悠久的书院传统则深表遗憾。十多年前，我曾专门撰文，从教育体制、教育理念以及教学方法的角度，谈论传统书院教育如何成为今日中国大学改革可资借鉴的思想资源[1]。那是另外一个重要话题，这里从略。

---

[1] 参见陈平原《大学之道——传统书院与二十世纪中国高等教育》，初刊《岭南学报》新第一期，1999年10月，收入《大学有精神》（修订版），北京大学出版社，2015年。

二、学生运动的得失

学生运动古已有之，只不过名称不一样而已。历代虽有严查学生干政的禁令，但太学生们的政治激情却从来没有熄灭，这与其一身系天下兴亡的自我定位有关。1903年的拒俄运动中，京师大学堂师生集会抗议，慷慨激昂，表示"要学古代太学生一样，'伏阙上书'"。在这"北大学生争取自由的第一幕"中[1]，虽有"伏阙上书"的动议，但其读禁书，喜演讲，发通电，以及事后有人走向社会，组织武装等，均非汉宋太学生所能想象。当然，真正让"学潮"名载青史，且得到后世史家高度评价的，还属1919年爆发的以北大学生为主力的五四运动。

学界谈论五四运动，一般包括思想启蒙、文学革命与政治抗争。可在我看来，五四运动除了文学史、思想史、政治史的意义，在教育史上同样具有里程碑作用。具体说来，那就是经由北大校长蔡元培的论述，确立了日后被广泛认可的"大学精神"。蔡先生的大学观，若用三句话来概括，第一句是1917年1月9日就任北京大学校长的演说：

---

[1] 参见俞同奎《四十六年前我考进母校的经验》，陈平原、夏晓虹编《北大旧事》，第24页，北京：三联书店，1998年。

"大学者，研究高深学问者也。"[1]这句话，直接针对的是中国人根深蒂固的"做官发财思想"。第二句是1919年《致〈公言报〉函并答林琴南函》中的"循'思想自由'原则，取兼容并包主义"[2]；一般人注重思想自由，我却更看好兼容并包——后者是一种制度性保证，比个人的思想自由更为可贵。北大之所以不同于其他大学，就在于相对来说比较能"包容"，因而显得"大"。

与这两句广泛传播的名言相比，第三句很普通，但更值得关注："我并不是说学生应完全的不参加爱国运动，总要能爱国不忘读书，读书不忘爱国，如此方谓得其要旨。至若现在有一班学生，借着爱国的美名，今日罢课，明天游行，完全把读书忘记了，像这样的爱国运动，是我所不敢赞同的。"[3]在大学校园，反对闭门读书，能获得某种道德优越感；而反对青年学生盲目干政，则可能引火烧身。五四运动后，对蔡元培校长造成巨大压力的，不仅是腐败的政府，还有日渐激进的学生。对于学生因政治热情高涨

---

[1]《就任北京大学校长之演说》，《蔡元培全集》第三卷，第5页，北京：中华书局，1984年。

[2]《致〈公言报〉函并答林琴南函》，《蔡元培全集》第三卷，第271页。

[3]《读书与爱国——在杭州之江大学演说词》，《蔡元培全集》第五卷，第123页。

而放弃学业，以及因意识到自家力量而过多使用罢课等非常手段，蔡元培忧心忡忡。这一点，蒋梦麟在《西潮》中有很好的描述与阐释[1]。

蔡元培执掌下的"有容乃大"的北京大学，各种新思想、新学说得到较好的培育与传播，大学也因此深深介入了现代中国的政治、经济与文化建设。理想的大学，不仅仅追求学问与养育人才，还探索精神、服务公众、参与政治，乃至直接影响社会进程。谈论现代中国"新教育""新文化"与"新政治"三者之互相激荡，不能回避"闹学潮"这个敏感话题。

五四以后，"学潮"成为一种重要的政治力量，正式登上了现代中国的历史舞台。这可是把双刃剑。我们不能只谈读书人"铁肩担道义，妙手著文章"的崇高，而不谈实际政治运作的复杂，比如，"从学生运动到运动学生"[2]，便是个很难摆脱的陷阱。具体到教育史写作，大陆学者谈"学潮"，仅限于民国年间；至于新中国成立以后的故事，只能三缄其口。

---

[1] 参见蔡元培《读书与爱国——在杭州之江大学演说词》及蒋梦麟《西潮》第十六章"扰攘不安的岁月"，第 96-101 页，台北：世界书局，1962 年。
[2] 参见吕芳上《从学生运动到运动学生——民国八年至十八年》，台北：中央研究院近代史研究所，1983 年。

这就说到了大学史与政治史之间隐微而深刻的矛盾。比如，关于北大传统的诠释，便明显取决于叙述者的教育理想。从注重学术，到突出政治，转折点是在1949年完成的。对照《国立北京大学五十周年大事年表》与日后撰写的或详或略的北大校史，可见其间巨大的差异。在"新民主主义革命"的论述框架中，共产党领导的学生运动，构成了北大校史的主线；而校长们极力网罗众多全国第一流学者，以及其在人文、社科、自然科学研究方面的贡献，在校史中只能"退居二线"。半个世纪的重写历史，使得蔡元培创办于1922年、开启了中国研究生教育的北京大学研究所国学门，对于今日的北大人来说，已经不是耳熟能详[1]。反而是后起且短命的清华国学院（1925—1929），因明星汇集，成绩显著，构成"一个头尾完整、充满悬念、略带幽怨、可以寄托各种情怀的学术传奇"，而吸引了更多公众的目光[2]。

---

[1] 参见陈平原《北大传统：另一种阐释——以蔡元培与研究所国学门的关系为中心》，初刊《文史知识》1998年第5期，收入《老北大的故事》（修订版），北京大学出版社，2015年。

[2] 参见陈平原《大师的意义以及弟子的位置——解读作为神话的"清华国学院"》，初刊《现代中国》第六辑，北京大学出版社，2005年12月，收入《读书的"风景"——大学生活之春花秋月》。

三、大学内迁之壮举

最近二十年,国立西南联合大学的历史与传说逐渐发酵[1],得到学界以及民众的一致赞许。可是,八年抗战,中国大学大规模内迁,一路弦歌不辍的,远不止三五所明星大学。战前中国大学共108所,经历最初的动荡,到1941年,综合《教育杂志》的"抗战以来的高等教育专号"、重庆独立出版社所刊《战时全国各大学鸟瞰》,以及1941年10月25日延安《解放日报》的《抗战后专科以上学校集中区域》,大约八成以上的大学仍在坚持,其中办在上海租界的15所,坚持在北平的6所,其余67所则转移到了国民政府控制的区域。太平洋战争爆发后,又有若干所大学内迁。如此一来,在战事失利、国土大面积

---

[1] 参见西南联大除夕副刊主编:《联大八年》,昆明:西南联大学生出版社,1946年;西南联大校友会:《笳吹弦诵在春城——回忆西南联大》,昆明:云南人民出版社/北京:北京大学出版社,1986年;西南联合大学北京校友会编:《笳吹弦诵情弥切——国立西南联合大学五十周年纪念文集》,北京:中国文史出版社,1988年;西南联合大学北京校友会编:《国立西南联合大学校史》,北京大学出版社,1996年;北京大学等编:《国立西南联合大学史料》,昆明:云南教育出版社,1998年;张寄谦编:《中国教育史上的一次创举——西南联合大学湘黔滇旅行团记实》,北京大学出版社,1999年;张曼菱总编导:《西南联大人物访谈录》,昆明:云南教育出版社,2007年;易社强著、饶佳荣译:《战争与革命中的西南联大》,台北:传记文学出版社,2010年。

沦丧的极端不利状态下，竟然有大约百分之九十的中国大学办在原本教育及文化相对落后的国统区（主要是大西南西北），这实在让人惊叹。对比十年"文革"的荒废学业，或近二十年的急起直追，抗战八年中国大学的教学状态格外精彩。着眼于对当下中国大学的启示，我在为《光明日报》"抗战中的大学"专刊撰写导言时，特别强调以下三点：第一，以教学为主；第二，注重师生关系；第三，坚持学术标准[1]。

战时中国大学的内迁，乃"为了保全国家元气"，其间政府之决定迁移大计以及拨给相关款项，确实大费周章；可我更看重的，还是各校师生员工的勇敢与坚毅。最近二十年，各大学在编写校史时，都会强调其抗战时期的内迁路线、过程、场景及人物；而文人学者以及广大读者对此也感兴趣，相关出版物很多。这里略加概括，提点抗战中中国大学大批内迁的意义——保存学术实力，赓续文化命脉，培养急需人才，开拓内陆空间，更重要的是，表达了一种民族精神以及抗战必胜的坚强信念。

具体说来，战时中国大学的内迁有如下特点：第一，不是个人逃难，而是集体行动，且烽火路上弦歌不辍；第

---

[1] 参见陈平原《战时中国大学的风采与气象》，2015年8月25日《光明日报》。

二,教学上,不是应急,而是长远打算,所谓"战时如平时",更多着眼于战后的建国大业,保证了战时培养的大学生的质量;第三,学术上,不是仓促行文,而是沉潜把玩,出有思想的学问,有情怀的大学者——这一点人文学尤其明显;第四,广大师生因大学西迁而见识中国的辽阔与贫困,于流徙中读书,人生忧患与书本知识合一,精神境界得以提升;第五,大后方传出的琅琅读书声,代表了某种文化自信与道德优势,召唤无数沦陷区的青年学生,穿越重重封锁线前来求学;第六,除了具体的学术成果,大学内迁为西南西北播下良好的学术种子,此举对于中国教育平衡发展意义重大[1]。

如此扣人心弦的故事,古代中国从来,同时期欧美各国也谈不上——那是因为,美国远在天边,不受战火影响;英国虽被轰炸,国土未被入侵;法国全境被占领,大学无处可迁;唯有苏联,在卫国战争中同样存在大学内迁的现象。只是因各大学在外流徙时间不长(以莫斯科大学为例,1941年10月迁离危城,1943年春胜利回归),没能像西南联大等中国大学那样,不但未被战火摧毁,还在发展壮

---

[1] 参见陈平原《抗战烽火中的中国大学》第67—68页,北京大学出版社,2015年。

大的同时，催生出众多美好的"故事"与"传说"。

谈及西南联大等内迁大学的贡献，容易说的，是有形的，如培养人才、推动科研以及投身战场；不太好说的，是无形的，那就是在生死存亡的关键时刻，如何凸显某种高贵的精神气质。具体说来，硝烟弥漫中，众多大学师生之弦歌不辍，这本身就是一种稳定人心的力量。在我看来，抗战中大批中国大学内迁，其意义怎么估计也不过分。而在中国大学日渐富有、也日渐世俗化的今日，谈论那些已经隐入历史深处的、"破破烂烂但却精神抖擞"的西南联大等，也算是"别有幽怀"[1]。

以上的论述，大致根据我的《抗战烽火中的中国大学》（北京大学出版社，2015年7月）。今年是中国抗日战争胜利70周年，这个时候出版这本书，必定会被打上"纪念图书"的烙印——包括读者的接受，官方的认可，以及出版社的支持，背后都有这个因素。但作为学者，我希望自己的工作能超越"纪念图书"。换句话说，再过十年二十年，这本书还能经得起读者的品鉴与批评。

谈抗战那段历史，无论你持何种政治立场，大概都会承认，那是中华民族浴火重生的关键。因此，单有官方的

---

[1] 参见陈平原《抗战烽火中的中国大学》第5—6页。

宣传远远不够，学界、媒体、艺术家以及广大民众，都有义务深度介入。今年夏天我去云南腾冲参观国殇墓园，那是去年国务院公布的第一批80处国家级抗战纪念设施、遗址之一，说实话，我很震撼。我注意到，很多民众自发前去观摩，且都神情肃穆。不久前，国务院又公布了第二批100处国家级抗战纪念设施、遗址，名录里有两个教育机构：一是云南昆明的"国立西南联合大学旧址"，一是陕西延安的"中国人民抗日军政大学纪念馆"。随着时间推移及研究的深入，我们对"抗战烽火中的中国大学"会有越来越深刻的认识，若公布第三批国家级抗战纪念设施、遗址，相信会有更多的教育机构及文化设施入选。

书出版后，我意犹未尽，又赶写了论文《会思想的芦苇，竟如此坚强——抗战初期北大教授的艰难选择》，其中有这么一段："抗战烽火中，大部分学识渊博的教授听从政府号令，辗转内迁，历尽艰辛，借用文天祥的《衣带赞》：'孔曰成仁，孟曰取义，惟其义尽，所以仁至。读圣贤书，所学何事？而今而后，庶几无愧！'"任何时代的读书人，都是良莠不齐，但"对比明清易代之际的读书人，抗战初期北京大学的教授,其精彩表现,更为可圈可点"[1]。之所以谈论抗战中的中国大学时,刻意表彰"大丈夫"形象,是希望给今天中国的读书人照照镜子。即便时代不同了,孟子所标举的"富贵不能淫,贫贱不能移,威武不能屈",还是很令人向往的。

四、院系调整的功过

20年前,我在东京答日本记者问,谈及近年中国出现的"学院"改"大学"热潮,称必须回到1952年的院系调整,方才明白此举"体现了中国教育路线的改变:由师法苏联转向借鉴欧美"[2]。多年后回望,这么说大致没错,但实在过于粗疏了——院系调整不只是学苏联的问题,也并非起步于1952年。应该这么说,1949年10月新中国成立,伴随着政权转移以及意识形态重建,整个教育理念及大学制度面临大转折。

---

[1] 参见陈平原《会思想的芦苇,竟如此坚强——抗战初期北大教授的艰难选择》,《北京大学学报》2015年第6期。
[2] 此专访的日文本《流動的な社会情勢のなか、基礎教育の重要性があらためて見直されている》刊日本《文》杂志1994年夏季号,中文本《中国教育之我见》收入《学者的人间情怀》(珠海:珠海出版社,1995年)及《学者的人间情怀——跨世纪的文化选择》(北京:三联书店,2007年)。

1949年12月23日，时任教育部长马叙伦在第一次全国教育工作会议上致开幕词，便斩钉截铁地称："中国的旧教育是帝国主义、封建主义和官僚资本主义统治下的产物，是旧政治旧经济的一种反映，是旧政治旧经济借以持续的一种工具。"[1] 如此决绝的态度，预示了日后一系列翻天覆地的变革。最明显的便是重建政治课——废除原来的"党义""公民""军训"等课程，改设体现新意识形态的"新民主主义论""社会发展史""辩证唯物论和历史唯物论""政治经济学""中国革命史"等课程。这一点，大家都能接受，因为，毕竟是改朝换代了，政治课当然得与时俱进。有争议的，主要在于以老解放区的教育经验，再加上苏联老大哥的榜样，彻底否定民国的教育体制及课程设计，是否合适。

先说办学主体的改变。原本中国大学分公立（国立、省立）、私立（含教会大学）两大类，并行不悖，良性竞争；经过一番整顿（1950年朝鲜战争爆发是个关键），许多原本办得很好的私立大学（含教会大学）全部消失，成了公立大学的一统天下。好处是中央的政令容易贯彻，缺

---

[1]《马叙伦部长在第一次全国教育工作会议上的开幕词》，中央人民政府教育部办公厅编印《教育文献法令汇编（1949年—1952年）》，第5页，1958年。

点则是取消了多样性，铁板一块，很难进行独立思考与自由探索。至于政府由此而加大了财政负担，那就更不用说了。改革开放以后，政策逐步松动，私立学校大量涌现。从培训班起步，30年来，民办教育历尽艰辛，为国家解忧，为百姓解难，对中国高等教育的大发展做出了突出贡献。而且，在这一过程中，许多民办大学完成了自身的原始积累，拥有漂亮的校园以及基本师资队伍，初步树立起自家的品牌。在我看来，中国民办高校（或曰私立大学）的意义，一是培养各类人才，二是试验新的体制，三是刺激公立大学。第一个任务完成得很好，第二个任务有所推进，第三个任务完全落空。今天中国的私立大学，对北大、清华为代表的国立大学，构不成任何挑战与启示。原先预想私立大学可凭借其机制灵活的优势，上下求索，左冲右突，实现某种制度创新，反过来逼迫国立大学转型与升级，且在此过程中逐渐站稳脚跟，获得学界及社会的广泛认可，现在看来，不说希望渺茫，也是步履艰难[1]。如果上世纪50年代初没有彻底斩断中国私立大学传统，或80年代重新起步时有好的设计，情况会完全不一样。

---

[1] 参见陈平原《中国或已错过发展民办大学最佳时机》，2015年10月30日《文汇报》。

再说学校类型的调整。当初在苏联专家的指导下,力图走专业化道路,让大学直接服务于经济建设。此番改造,1950年酝酿,1951年开始,1952年全面展开,1953年基本完成,此后还有局部调整。到1953年,全国大学由211所减少为182所,其中综合大学13所,高等工业学校39所,高等师范学校31所,高等农业学校29所,高等医药学校29所,高等政法学校4所,高等财经学校7所,高等艺术学校15所,高等语文学校8所,高等体育学校5所,少数民族高等学校2所等[1]。这一场大调整,对各大学影响迥异,有的得益良多,有的则损失惨重——复旦大学与上海交通大学,可作为两种典型。至于北京大学,工学院、医学院等被割走了,很可惜;但文史哲数理化等基础学科得到了很大加强。至于清华,名为综合大学,基本上是工科院校,其文科是改革开放后才重新组建的。

不说具体大学的得失,而是整个教育观念的扭曲。改变了民国年间"大学以文理为中心"的理念,转为以应用

---

[1] 参见《关于一九五三年全国高等学校院系调整的计划》《一九五三年全国高等学校院系调整后分布情况表》与《一九五二年和一九五三年调整前后各类高等学校院系设置情况统计表》,载中央人民政府教育部办公厅编印《高等教育文献法令汇编》第一辑,第69页、74页、76页,1954年。

学科为主体；虽说适应了计划经济"大干快上"的发展态势，但割裂了基础学科与应用学科的关系，很难有大的发展。另外，如此大调整，斩断了各大学的历史，对于大学传统与大学精神的建构十分不利。唯一值得肯定的是全国一盘棋，合理布局，加强了对于教育比较落后的西部地区的支持。

从教育史上看，50年代的院系调整是个重要标志，不仅决定了今天中国各大学的基本面貌，而且使得国家意志直接介入具体的办学过程。教育家喜欢谈论的办学自主性，就此基本丧失。因此，120年的现代中国大学，可拦腰截断，划为分散独立与集中统一两个不同的阶段。至于此举的利弊得失，近年学界讨论很多，主流意见是弊大于利。我关心的不只是结果，更包括过程以及动因——如此翻天覆地的变化，涉及很多教授的切身利益，居然没有碰到大的障碍，一声令下，想得通走，想不通也得走。除了那时新政权威望很高，还有就是1951年开始的思想改造运动，已经使得教授们没有反抗的资本与能力。这就提醒我们，理解50年代的院系调整，不能仅在校园里打转，还必须兼及整个时代风气，以及知识分子的精神状态。

五、恢复高考的故事

第五个关键时刻比较好说,那就是恢复高考的故事。先列时间表:1976年10月6日粉碎"四人帮",1977年7月中共十届三中全会恢复邓小平的党政军领导职务,同年10月21日,各大媒体发布了恢复高考的消息。那年冬天,570万考生走进曾被关闭了十余年的高考考场,各大专院校共录取新生27.3万人;1978年夏天,610万人报考,录取40.2万人。前者1978年春天入学,后者同年秋天入学,史称"77、78级大学生"。作为政治家,邓小平当机立断,恢复高考制度,既顺应民意,又着眼未来,为改革开放路线培养了一大批拥护者和接班人,确实是高瞻远瞩。

共和国历史上,1978年是个关键年份——2月,恢复高考后第一届大学生入学;5月11日,《光明日报》发表《实践是检验真理的唯一标准》,引起长久且激烈的争论,成了"思想解放运动"的导火索。同年12月18日至22日,中共十一届三中全会在京召开,做出了把全党工作重心及全国人民的注意力转移到社会主义现代化建设上来的战略决策,并确立了解放思想、实事求是的思想路线,否定了"两个凡是"的错误方针,停止使用"以阶级斗争为纲"的错误口号。换句话说,77、78级大学生是踩着时代的鼓点,走进新时代的。

30年过去了,那总数仅仅67.5万的77、78级大学生,经过多年拼搏,很多人占据要津,成了公认的"社会栋梁"。于是,有了不少关于这两届大学生的神话。毕业20周年时,我曾如此回答《南方日报》记者的提问:"77、78级大学生基本上都是从社会底层摸爬滚打走过来的,是中国教育史上成分最复杂、年龄跨度最大的一群。他们在时代转折关头进入大学,具有自我审视的能力,学习比较认真,也取得了一定成绩,如此而已。就我个人来说,这20年基本还跟得上,没有太落伍。其实,77、78级不像大家想象的那样神奇,他们的成绩被放大了。"[1] 到了入学30周年,北京大学出版社发起征文,我为这册《永远的1977》撰写序言,称:"本书的作者,尽管境遇和立场不太一样,但基本都是'恢复高考'这一决策的直接受益者。这就决定了其叙述策略以及自我反省的力度。说全书弥漫着某种'成功人士'的'踌躇满志',不算太刻薄。可这主要不是作者的问题,而是文体的特性决定的——30年后'追忆

---

[1] 参见《中大学生、北大教授陈平原谈77、78级现象:我们的苦与乐》(郭滨),2002年5月5日《南方日报》,收入拉家渡主编《八二届毕业生》,广州出版社,2003年。

逝水年华',很容易就走到这一步。"[1] 不是说这两届大学生不努力,而是社会上关于这两届大学生的褒奖,有点过甚其辞。

一个人的命运与某个伟大的历史事件联系在一起,那是很幸福的。因为,你从此很容易"自我介绍",也很容易让时人或后人"过目不忘"。比如,你只要说自己是77、78级大学生,大家马上知道你大致的背景、阅历以及前途等。2012年6月30日,我和另外两位朋友合作,在北京的欧美同学会主办了"'中国梦'回顾与展望论坛",副题是"纪念77、78级毕业30周年"。我的发言依旧很低调,因为心里另有一杆秤,那就是五四一代青年学生的贡献:"'五四'一代和77、78级大学生不一样,前者的'光荣和梦想'是自己争来的;我们的'幸运',则很大程度是时代给予的。日后被提及,人家是历史的创造者,我们则是大转折时代的受益者。也正因此,在随后漫长的岁月里,'五四'一代有能力在一次次饱含激情与深情的追怀与叙述中,或多或少地延续了其青年时代的梦想与追求,或强或弱地挑战着当时的主流思想。而77、78级大学生

---

[1] 陈平原:《未必永远的记忆》,见未名编《永远的1977》,北京大学出版社,2007年。

则习惯于颂扬邓小平的英明决策,还有就是夸耀自己如何因参加高考而翻身得解放。"[1]

恢复高考是件了不起的大事,但此举的意义主要在政治史及社会史。若论教育理念,这仅仅是回归常识。只是因当初的决策过于荒谬——如取消大学招生,以及褒奖交白卷的英雄等——方才造就此举的辉煌。历史转折关头,一句"分数面前人人平等",居然有如此大的魔力,换一个时代绝难想象。这句至今仍深入人心的口号,虽简单明了,却不无瑕疵——以考试为导向,一分定生死,如此高考指挥棒,绑架了整个中学教育,是值得我们认真反省的。

六、"世界一流"与"大学扩招"的张力

理解当下的中国大学,必须关注一个特殊的年份——1998年。那一年有两件大事,对当下的中国高等教育影响巨大。一是1998年5月4日,时任国家主席江泽民在北京大学百年校庆纪念大会上提出了建设世界一流大学的目标。由此产生了一个我们今天都熟悉的名词——"985"

---

[1] 陈平原:《我们和我们的时代》,《同舟共进》2012年第12期。

大学。二是经历1998年的亚洲经济危机，中央政府制定了以"拉动内需、刺激消费、促进经济增长、缓解就业压力"为目标的大学扩招计划，第二年开始正式实施。1998年录取普通高校本专科新生108万人，而第二年扩招52万人，变成了160万人，增幅达48%。此后连年扩招，到2012年录取685万人后，才基本保持稳定。也就是说，最近这16年，中国的高等教育其实是两条腿走路，一是努力做强，追赶世界一流；一是尽量做大，扩大办学规模。应该说，两条腿都在用力，也都很有成效，可惜努力的方向不一样，有时甚至互相拆台。

教育部2015年7月发布的《2014年全国教育事业发展统计公报》，称2014年中国普通本专科在校生2547.7万人，毕业生659.4万人；在学研究生184.8万人，毕业生53.6万人。换句话说，在校大学生及研究生总人数达到2732.5万——这等于一个中等国家的人口。而且，中国大学生毛入学率迅速提升，从1998年的10%，上升到2014年的37.5%，这更是十分可观的变化。

办教育是需要大笔钱的，而中国经济的持续高速增长，为此提供了可能性。最近十几年，不仅蛋糕越做越大，政府在教育投入上也提高了比例。而在切分蛋糕时，中国大学——尤其是进入"985""211"工程的大学——所得到的经费支持,与上世纪八九十年代相比,不可同日而语。与此同时,中国大学的国际排名在迅速提升,从最初的受宠若惊,到今天的安之若素。

我曾在论文中提及:回过头来看这100多年的现代中国大学史,有两处路走得比较顺畅,一是1928—1937年;再就是1998—2014年。其他的年份虽也有若干亮点,但往往是起伏不定。最近16年的争创一流与大学扩招,二者高低搭配,各有各的道理。身在其中者,很容易发现诸多积弊,因而怨声载道;但若拉开距离,其雄心勃勃与生气淋漓,还是很让人怀念的[1]。

这里补充三句话:第一,处在政治—经济转型期的国家,教育最容易受伤害,因其属于长远投资,不是当务之急,往往被当局有意无意忽略。负责任的政府会逐渐意识到此中危机,不断调整步伐,达到比较好的状态。第二,经过热心教育的民众及学界的再三督促,中国政府加紧努力,国家财政性教育经费的支出占GDP的比例,从1998年的2.59%,到2012年第一次超越4%的战略目标,这很不简单,值得点赞。第三,最近十几年,中国学界在呼

---

[1] 参见陈平原《当代中国大学公平发展的步履与生机》,《探索与争鸣》2015年第5期。

吁政府加大教育投入方面齐心协力，且很有成效，但制度改革方面则进展不大。某种意义上，这些年中国教育的进步是钱堆出来的——若此说属实，则成绩并不像我们想象的那么大。

七、我的发言姿态

18年间，我出版了若干谈论中国大学的书籍[1]，几乎从一个"文学史家"转型为"大学史家"。在学术史、思想史及文学史的夹缝中，讨论中国的"大学"问题，此举既是历史研究，也有现实关怀，偶尔带点操作性的思考。

记得毛泽东说过，屁股决定脑袋。这是有道理的。有时是利益与立场，有时是眼界与学识——比如，校长与教授便各有各的主体性，也各有各的洞见与不见。我不是教育部长，也没当过大学校长，只能站在一个教授——而且是"人文学者"的立场，谈论我所知道的"中国大学"。因此，

---

[1] 先后出版《老北大的故事》（1998）、《北大精神及其他》（2000）、《中国大学十讲》（2002）、《大学何为》（2006）、《大学有精神》（2009）、《作为学科的文学史》（2011）、《读书的"风景"——大学生活之春花秋月》（2012）、《大学小言——我眼中的北大与港中大》（2014）、《抗战烽火中的中国大学》（2015）等。

所论既不同于高瞻远瞩的官员、校长，也不同于体贴入微的记者、网民，还不同于"术业有专攻"的教育专家或有勇无谋的"愤青"。

我谈大学，有几个基本判断：第一，转型期的中国大学，既混乱不堪，又生气淋漓；第二，作为"知识共同体"的大学，应该有自我清洁的能力，不能将所有责任及失误都推给政府；第三，作为人文学者，批评中国大学现状的同时，也得反省自己的责任与立场；第四，教育的难处在于牵涉千家万户，且有很强的延续性，无法立竿见影，一个错误的决策，即使当局明白过来了，也无法马上纠正，很可能得花十年二十年才能回归正轨，因此，要有"说了等于白说，白说也要说"的志向。

"大学"在变化，这并非中国所特有；某种意义上，这是世界性现象。死抱着某部经典，或某些经典论述，类似以前的"祖宗家法不能变"，那是不足为训的。我关注的是"中国问题"，偶尔牵涉某国外大学，只是引以为证，不喜欢动辄"与国际接轨"的高论；喜欢古今对话，故强调理解传统书院以及百年中国大学进程；欣赏胡适的"建设者的姿态"，故认可理想性与可行性的协调。

我多年谈大学，有两句话流传甚广。第一句是："二十世纪中国思想文化潮流中，'西化'最为彻底的，当推教育——尤其是高等教育。……这其实正是本世纪中国大学教育的困境所在：成功地移植了西洋的教育制度，却谈不上很好地继承中国人古老的'大学之道'。"[1] 第二句是："大学不像工厂或超市，不可能标准化，必须服一方水土，才能有较大的发展空间。百年北大，其迷人之处，正在于她不是'办'在中国，而是'长'在中国——跟多灾多难而又不屈不挠的中华民族一起走过来，流血流泪，走弯路，吃苦头，当然也有扬眉吐气的时刻。你可以批评她的学术成就有限，但其深深介入历史进程，这一点不应该被嘲笑。如果有一天，我们把北大改造成为在西方学界广受好评、拥有若干诺贝尔奖获得者，但与当代中国政治、经济、文化、思想进程无关，那绝对不值得庆贺。"[2] 这里的"北大"，若替换成"中国大学"，不仅完全适应，且更为妥帖。

关于中国大学的现状及未来，我已经谈了很多，这里就说三句话：第一，大学有精神；第二，大学须自信；第三，

---

[1] 参见陈平原《中国大学百年？》，初刊《学人》第十三辑，南京：江苏文艺出版社，1998年3月，收入《大学有精神》（修订版），北京大学出版社，2015年。

[2] 参见《国际视野与本土情怀——我的大学观》，《三联生活周刊》2003年7月14日。

大学非奥运。前两句意思显豁，且此前多有论述[1]，可暂且放下；第三句需要稍为解说。争取奥运金牌与发展体育运动、提高国民体质，最好是齐头并进。当鱼与熊掌不可兼得时，我们明显倾向于"集中力量办大事"，此乃中国式的"金牌优先"的发展战略。在我看来，教育界正在复制体育界行之有效但弊端很多的奥运战略。两千多所大学，不可能平均用力，但由政府出面分等级、定高低，再依照"985""211"及普通高校来划拨经费，且没有动态调整的可能性，这一发展战略，虽有利于选拔尖子，却压抑了很多奋进者的积极性。今天中国大陆各大学间，办学经费及教师薪水差距之大，远在欧美、日本或港台大学之上。这也是我撰写《拓展211工程，实现高等教育的均衡发展》等一系列文章，为非"211"大学鸣冤叫屈的缘故[2]。

---

[1] 参见陈平原《大学以精神为最上》，2007年3月5日《瞭望》；《如何建立中国大学的独立与自信》，2012年5月16日《中国青年报》。

[2] 参见陈平原《拓展211工程，实现高等教育的均衡发展》，2015年3月27日《文汇报》；《我为何要"充大头"，为非211高校说话——再说"拓展211"》，2015年4月3日《文汇报》；《办大学以理工科论英雄，早落伍了》，2015年5月22日《文汇报》。

八、再说"马儿啊,你慢些走"

将近十年前,在回答《国际先驱导报》的书面提问时,我曾引马玉涛的成名曲《马儿啊,你慢些走》作为标题。可惜文章发表时,被裁成好几段,穿插进各种问答中[1]。为何需要"慢些走",并非像歌中唱的,"要把这迷人的景色看个够",而是担心跑得太快,步伐不稳,那样会摔跤的。

教育是个古老、神圣、见效很慢的事业。大学之路,关山重重,并非鼓起勇气、猛踩油门就能闯过去的。可惜的是,最近十几年,中国的大学教育热火朝天,从上到下都在搞"大跃进"。我多次提醒,希望留一点思考与反省的时间,以便调整好前进的步伐。8年前,我在《大学公信力为何下降》中谈及:"教育行政机关以及以媒体为代表的社会舆论,给大学带来了双重的压力。眼看着逼急了,几乎所有的大学都在'大干快上'。我有点担心,这样做,不踏实,不从容,效果不好。办大学,需要胆识,更需要汗水,老老实实地办,别老想着创造奇迹。具体到教学和

---

[1] 参见《2006年影响中国的十大文化热点》,2006年12月27日《国际先驱导报》。

科研，现在是，浮躁之气弥漫整个中国的大学校园。各种考核、评奖、争项目、夺排名，目不暇接，以致师生们没有了认真读书思考的时间。这感觉很不好。因为，心境浮躁，对于从事专深的学术研究非常不利。"[1]

因获得搜狐网颁发的"2013年度中国教育变革人物奖"，必须有所表示，我不敢唱高调，反而说了泄气话："教育是个实践性学科，没那么多高深理论，需要的是志气、毅力以及情怀。认准了大方向，然后一步一个脚印地往前走，这就行了。可当下的中国大学，在扩招、升级、评鉴、排名等一系列指挥棒引领下，像文革中打了鸡血一样地亢奋。如此狂飙突进，短期内数字很好看，可放长视线，过于迅速的'崛起'，留下了很多致命隐患。"[2]

去年，在一次公众演讲中，我甚至打了个比喻："当你把手中的石头丢进大海，等到涟漪荡向岸边，是有很长的路要走的。如果你追求'掷地有声'，那只能是在面积很小的水塘，或者一口枯井。"为什么这么说呢？因为，在我看来："办教育应当拒绝急转弯，拒绝大跃进，不急不慢，不卑不亢，走自己认准的路。这样坚持五年、十

---

[1] 参见陈平原《大学公信力为何下降》，2007年11月14日《中国青年报·冰点周刊》及《新华文摘》2008年第4期。
[2] 参见陈平原《所有努力，只是让教育回归常识》，《新京报》2014年1月11日。

年、二十年,中国大学才有可能走出一条适合自己的'康庄大道'。"[1] 反过来,若操之过急,效果会很不好。

之所以一而再、再而三地唱反调,希望中国大学放缓脚步,别再快马加鞭,除了"杀君马者道旁儿"的古训,还有就是中国高等教育的形势确实"一片大好"——领导重视,国家有钱,正积极"推进世界一流大学和一流学科建设"。越是这个时候,越要警惕与"经济过热"同病相怜的"大学膨胀"。

据我所知,眼下很多大学都制定了雄心勃勃的"倍增计划"——早年大学城的教训记忆犹在,而今蔚然成风的异地办学,可能重蹈覆辙。欧洲的大学城并非一夜建成,美国的加州大学模式也不是可以轻易模仿。不仅是众多北京高校异地办学[2],各地名校也多有类似的举措。对此,我不无疑虑——不知这些大学在迅速做大的同时,如何保证教学质量。今天中国大学,愿意自我节制、强身健体的,少而又少。前些年的大学合并,以及今天的大学扩张,都是希望在不触动体制、不伤害感情、不影响士气的前提下,

---

[1] 参见陈平原《内地/香港互参:中国大学的独立与自信》,《探索与争鸣》2014年第9期。

[2] 参见《北京高校:大疏解下的"突围"——一批市属高校调整疏解方案已确定,部分高校纷纷在异地办学》(许路阳),2015年7月3日《新京报》。

让中国大学在数字上迅速好看起来。这与地方建设中的"数字出官、官出数字",其实是异曲同工。

教育的难处在于,即便事后知道错了,你也没办法推倒重来。就像曾经遍地开花的大学城,欠债再多、学生再不满、教学质量再下降,没见哪所大学破产,也没见哪位校长书记受处分。窟窿再大,最后总有政府兜底。再说,只要大学在,办得再烂,也是能出人才的——就看你如何选样、怎么论述。我很怀疑,今天中国大学迅速扩张的根本动力,除了领导强烈的事业心,再就是受各种排行榜的蛊惑。10年前,我曾撰文分析大学排名的由来及利弊,提醒中国大学走自己的路,不要太介意各种国内国外的排行榜[1]。现在看来,问题依旧,且愈演愈烈。

眼看前方捷报频传,我则忧心忡忡——16年前的大学扩招,主要压力及动力在普通大学;今天的奋起直追,生力军则是"985""211"等名校。若出现大的偏差,后果将不堪设想。因此,在万马奔腾、即将大举冲刺世界一流的关键时刻,听一个无职无权但有情有义的人文学者

---

[1] 参见陈平原《大学排名、大学精神与大学故事》(《教育学报》2005年第1期)及《我们需要什么样的大学》(《书城》2005年第9期),二文均收入《大学何为》(修订版),北京大学出版社,2015年。

"马儿啊,你慢些走"的唠叨与劝说,或许不无好处。

> 2015年12月6日演讲于上海社科联主办的
> 望道讲读会,2015年12月20日改定于
> 京西圆明园花园

(初刊《探索与争鸣》2016年第1期,原题《历史、传说与精神——现代中国大学的六个关键时刻》)

关于"人才养育"的十句话

五年前中共中央、国务院发布《国家中长期人才发展规划纲要（2010—2020年）》《国家中长期教育改革和发展规划纲要（2010—2020年）》，今年（2015）8月18日中央全面深化改革领导小组第十五次会议又通过了《统筹推进世界一流大学和一流学科建设总体方案》，如此三足鼎立的论述，共同构建中华文明复兴的宏伟大厦。而在我看来，整座大厦的根基在"人才"。这里仅从一个人文学者的立场，用十句话，简要勾勒大学视野里的"人才养育"。

第一，大家都是人才，只是轻重有别。查《国家中长期人才发展规划纲要（2010—2020年）》，其中提及的人才包罗万象——"培养造就一批善于治国理政的领导人才，一批经营管理水平高、市场开拓能力强的优秀企业家，一批世界水平的科学家、科技领军人才、工程师和高水平的哲学社会科学专家、文学家、艺术家、教育家，一大批技艺精湛的高技能人才，一大批社会主义新农村建设带头人，一大批职业化、专业化的高级社会工作人才，充分发挥高层次人才在经济社会发展和人才队伍建设中的引领作用。"比照此面面俱到的论述，显然，大家都是人才。可听话听声，锣鼓听音，众多计划中，"创新人才推进计划"及"海外高层次人才引进计划"是有实实在在的措施盯着的，那才是高层的真实意图。说白了，第一，注重经济建设亟需的各行各业人才；第二，偏向于理工科，兼及金融、管理等社会科学；第三，着重从海外引进，这既是价值判断，也便于管理——你不服气，谁让你不在海外，或者提前回来？

第二，"怀才不遇"是常态。有三句古诗，可用来描述人才的精神状态。极端自信的，有唐代诗人李白的"仰天大笑出门去，我辈岂是蓬蒿人"（《南陵别儿童入京》），"天生我材必有用，千金散尽还复来"（《将进酒》）；牢骚满腹的，有唐代诗人孟浩然的"北阙休上书，南山归敝庐。不才明主弃，多病故人疏"（《岁暮归南山》）；至于打抱不平、呼告天地的，则是清代诗人龚自珍的"九州生气恃风雷，万马齐喑究可哀。我劝天公重抖擞，不拘一格降人才"

(《己亥杂诗》)。问题在于，古往今来，读书人多自认为是"人才"，但居上位者并不这么看。

第三，为什么说"人才难得"。据说 1974 年 12 月下旬，毛泽东在长沙与前来汇报四届人大筹备工作的周恩来、王洪文多次谈话，其中称赞邓小平"政治思想强""人才难得"——这话日后在中央为邓小平平反时多次提及。我的解读是，第一，中等人才易得，顶尖人才难求；第二，天降人才，未必就能恰好被你发现；第三，为"我"所用，方才是"真人才"——这里的"我"，可理解为领袖、时代、国家等；第四，再好的人才，若无舞台，就是虎落平阳被犬欺；第五，主政者须尽量出于公心，提供人才挥洒才华的好环境——这里牵涉风气、制度、机遇等，颇为复杂。

第四，如何选拔人才。无论何时何地，统治者（或曰领袖人物）都知道，"治国"是需要"人才"的。难处在于，真正的人才能否以及如何脱颖而出。这里缩小范围，不说阶级及利益造成的偏见，单是学科分野，就导致鉴定人才的标准千差万别。同样讲求创新与贡献，工科最容易鉴别，因有专利发明及成果转化的等级与数字做证；理科次之，不过，名刊论文或院士头衔，说起来还是响当当的；社会科学再后退一步，但能为政府决策提供参考，还是颇受领导重视的；最难堪的是人文学，其贡献与影响力是潜在的，要很长时间才能显现出来。谈论何为难得的人才,引入"学科文化"的视野,明白各学科间趣味及评价标准的巨大差异,才能有的放矢。

第五,人才竞争白热化。21世纪的竞争,说到底是人才的竞争。如此愈演愈烈的竞争关系,渗透到国家与国家、地区与地区、大学与大学、学科与学科之间。某种意义上,政治人才(如公务员)是本地市场,相对比较容易调控;科教人才(如科学家或人文学者)则是全球市场,若有真本事,此地不留人,自有留人处。正因此,开不出好价钱的中国西部各大学,在此轮竞争中明显处于劣势。不要说出去抢人才,如何想方设法留住自家原本就比较稀薄的人才,就够所有的校长们头痛的了。从长远看,放开管制,有利于知识创新,但如何兼及各地区在教育方面的均衡发展,是个必须直面的难题。

第六,理解不同类型的人才。眼下各大学都使出浑身解数,争抢高端人才;何谓"高端人才",常见的描述是"领军人物"。可实际上,并非所有学科的顶尖人物都在"领军"。工程技术或某些社会科学,需要大兵团作战,运筹帷幄,指挥若定,那是大本事。可文史哲及宗教、艺术等领域,情况不是这样的,那里的第一流学者往往是"独行侠",埋头做自己的研究。你非要他率领千军万马齐上阵,不仅做不到，也做不好。以我浅见，人文领域的创新与突破，大都属于这些壁立千仞、特立独行的学者。领着几百上千人做学问，那只能是整理或汇编，满足领导"盛世修大典"的虚荣心。"学术组织者"的能力，与"千里走单骑"的胆识，同样值得尊重。可眼下整个社会的价值判断，越来越向"组织者"倾斜，见面先问行政级别、手下人马以及经费数目，这可不是好现象。比起谈笑风生的社会活动家来，沉默寡言的大学者更难得。校长的责任，首先是发现，其次是鼓励与保护——不管他/她愿不愿意或能不能"领军"。

第七，人文学的崛起更值得期待。中国人在国际学界的发言权，远低于其在经济、军事或政治领域的影响力。说到中国学术的奋起直追，大家主要关注理工科的进展；其实，更值得关切的是中国的人文学及社会科学。有意识形态做"挡箭牌"，某种程度上掩盖了我们的弱项。我甚至认定，若论与国际学术界的差距，更让人扼腕的是人文学。当然，你可以"一剑封喉"，说这是政治立场决定的。不过，有一点你不能不承认——中国人文学者的著述，做得最好的，也基本上只在"中国研究"领域被关注；而我们之所以阅读巴赫金、哈贝马斯等人的著述，并不意味着要转行研究俄国或欧洲文化。

第八,质疑"大师饥渴症"。最近这些年,原清华校长梅贻琦关于"大楼"与"大师"的名言广为传播。于是,国人好像突然间得了大师饥渴症,到处寻找、拼命发掘,制造出许多真假难辨的"大师"来。说句不中听的,只有在极端封闭且缺乏自信的年代,才需要如此造神。眼看这把虚火越烧越旺,我不得不反其道而行之,断言大师其实不太重要。我的基本思路是:学术风气好,不是大师,也能做出一流的成果;学术风气不好,自以为或被捧成的"大师",必然迅速陨落(参见陈平原《"学术"谁来"评价"》,载《社会科学论坛》2009 年第 4 期)。

第九,"人才"需要"养育"。由于排名的刺激,各大学都在争抢"院士"或"大师",而且制定了具体的指标。其实,应该追问的,不是这所大学拥有多少院士或大师,而是这些院士或大师的成果是在哪里取得的。同样争人才,你要的是成果还是虚名?照我看,绝大多数校长要的是人家耀眼的头衔,而不是潜在的学术能力及贡献。钱多的话,四处招兵买马,收集头衔,是可以拿出靓丽的教职员表的。可集合众多功成名就者的元老院,缺乏冲锋陷阵的勇气与动力。看虚名而不重实学,中国大学的这一风气,对年轻学者的茁壮成长十分不利。

第十,看好自家人才。以我的观察,懈怠自家人才,迷信"外来的和尚会念经",是眼下中国大学的通病。校长的职责,是慧眼识英雄于草莽之中,而不是等人家头戴桂冠,你才来争抢。反过来,对于年轻学者来说,若有合适的工作环境,与大学一起成长,是一种很幸福的感觉。请来的"大菩萨",如果对大学没有认同感,短期内固然可以给你加分,但不及自己培养出来的人才"贴心"。看准好苗子,提供人家亟需的阳光雨露,这就要求校长们记得毛泽东的诗句"风物长宜放眼量"。或者,借用梁斌长篇小说《红旗谱》里朱老忠的口头禅:"出水才看两腿泥"。引入此古老的民间智慧,或许有助于我们洞察当下中国"人才养育"的战略得失。

2015 年 12 月 8 日于京西圆明园花园

(初刊 2015 年 12 月 22 日《光明日报》)

第二辑 大学周边

当代中国的人文学[1]

当代中国的"人文学",可以落实在大众传媒,也可以藏身于研究院;但毫无疑问,大学是其存在、延续以及发展的中心。大学里的人文学,其影响力往往溢出校园,扩张到整个社会;但反过来,人文学的生存处境,又是受整个社会风气的影响。作为一个文学教授,生活在迅速转型的当代中国,面对诸多让你或悲或喜、亦惊亦叹的文化现象,张大嘴巴的同时,也不由得睁圆了眼睛,观察、记录、分析、考虑,甚至直接将其作为研究对象。在《当代中国人文观察·初版自序》(2003)中,我提及:"当初之所以'越

---

[1] 此乃作者提交给 2010 年 10 月 15—16 日在香港中文大学召开的"亚洲人文学与人文学在亚洲——第八届亚洲新人文联网会议"的专题论文。

界',撰文剖析'当代中国',不外想借此保持与当下文化建设'不即不离'的联系。这一潜在动机,诱使我撰文时不避琐碎,尽可能多地保留感性数据,以便后来者得以从容地进入历史。这其实是我自己从事中国现代文学及学术史的体会,'立此存照'的精细描述,往往比不着边际的高头讲章,更能呈现历史的某一面相。"[1] 这一努力,起点是1993年年初的《近百年中国精英文化的失落》[2],那是为参加香港中文大学召开的"文化中国展望:理念与实践"学术研讨会而作的。十八年后,机缘凑合,又得以在香港中文大学谈论"亚洲的人文学",实在是感慨万端。

十八年间,在专业研究之外,关注当代中国的思想、文化、教育等,虽说所撰各文侧重点不同,但总的关切却是一以贯之,那就是探讨"人文学"在当代中国的命运。选择自家所撰十文,略加评说,既看急剧变化的当代中国,也谈自家的心路立场,希望借此分析近二十年中国大学的演进以及"人文学"在其中扮演的角色,讨论在政治/经济迅速转型的当代中国,"人文学"如何在校园内外错综

---

[1] 陈平原:《当代中国人文观察·初版自序》,《当代中国人文观察》(增订版),北京大学出版社,2010年。

[2] 陈平原:《近百年中国精英文化的失落》,《二十一世纪》1993年6月号。

复杂的各种夹缝中挣扎、生存与发展。

《当代中国人文学者的命运及其选择》（1993）

此乃提交给在瑞典斯德哥尔摩大学召开的"当代中国人心目中的国家、社会与个人"国际学术研讨会（1993年6月11—15日）的论文，初刊《东方》创刊号（1993年10月），包括"人文学者的失落感""三个时期三种研究心态""文化人与学院派""重建学术自信"四个部分。关键是第一部分：先是"八九风波"导致言路堵塞，很多人噤若寒蝉；后有1992年开始的商品经济大潮，"使得知识分子群体迅速分化，形成不同的职业阶层及利益集团"。在我看来，当代中国学界之所以显得格外浮躁，很大程度根源于人文学者的自我调整：

> 人文学者由中心向边缘移动，并非始于今日；起码从科举制度取消那天起，这一大趋势就已经不可逆转。西方教育制度的引进以及赛先生的走红，使得"专门家"成为现代中国读书人的主要出路。自然科学家容易适应这一文化转型，人文学者则因研究对象，更多关注精神与价值，更能理解并继承传统士大夫忧国忧民的情怀。再加上从晚清的改良群治、"五四"的

思想启蒙，一直到1980年代的民主运动，意识形态争论始终是全民族关注的重点，肩负重任的人文学者因此来不及蜕变成为真正意义上的"专家"，基本上保留传统士大夫的"抗议者"或"卫道者"姿态。近年市场经济迅猛发展，世人的观念日新月异。在"十亿人民九亿商"的年代，精神文化的贬值实属必然，而意识形态的重要性也正受到前所未有的怀疑。不愿困守书斋而又无力回天的人文学者，其失落感可想而知：政治权威的控制并没有放松，如今又加上民众的漠视以及自身经济地位的急剧下降。于是出现各种针锋相对的激烈言辞：有愤世嫉俗，大骂世道不公的；有顺应潮流，宣称"有本事下海，没本事闭嘴"的；也有眼不见心不烦，主张干脆"躲进小楼成一统，管他冬夏与春秋"的。有趣的是，争论者大都是人文学者，且基本上"君子动口不动手"。也就是说，真正感觉到文化危机、意识到自身角色转换艰难的，主要是人文学者。或许可以将其视为传统中国士大夫文化的最后一次挣扎——在以后的世界里，人文学者将逐渐习惯于站在"专家"而不是"国师"的立场发言。

说到上世纪90年代初人文学在中国的迅速边缘化，有个细节不能忽视，那就是人文学者经济地位一落千丈。文中提及，按政府公布的统计数字，当年北大教师薪水在北京市职工收入平均线以下；至于出租车司机收入，大约是北大教师的八倍。工学院、商学院的教授另有创收的高招，只有文学院教授特别窘迫。此文结尾，有几句自我表白，颇为悲壮，值得引述："在政治与学术之间，注重学术；在官学与私学之间，张扬私学；在俗文化与雅文化之间，坚持雅文化。"十八年后看，三句大白话中，隐含着一代读书人艰辛的选择。三者之间互有联系，但并非逻辑推演；很大程度仍是对于当代中国文化挑战的一种"响应"——一种无可奈何但仍不乏进取之心的"回应"。

《老北大的故事》（1996）

此文完成于1996年10月8日，原是为《北大旧事》（陈平原、夏晓虹编，北京：三联书店，1998年）撰写的前言，单独发表时，碰到很多挫折，原因是其中提及北大闹学潮的传统，有影射现实之嫌。文章终于在《读书》1997年4期、5期刊出，分别题为《"太学"传统——老北大的故事之一》《校园里的"真精神"——老北大的故事之二》，收入拙著《老北大的故事》（江苏文艺出版社，

1998年)时,改题为《校园里的真精神》。

文章提出一个问题:作为一所著名的综合大学,北大文、理、法三院各具特色,也各有千秋。可为何世人谈及"老北大",记忆的基本上都是文学院的教授。说"北大的人才,以文科方面为最多"(北大物理系教授李书华语),这不符合实际。

> 有好几个因素,使得北大文学院的教授们尽领风骚。首先,北大之影响中国现代化进程,主要在思想文化,而不是具体的科学成就;其次,人文学者的成果容易为大众所了解,即便在科学技术如日中天的当下,要讲知名度,依然文胜于理。再次,文学院学生擅长舞文弄墨,文章中多有关于任课教授的描述,使得其更加声名远扬。最后一点并非无关紧要:能够得到公众关注并且广泛传播的,不可能是学术史,而只能是"老北大的故事"。

当大学作为一个整体被追忆时,不可能局限在某个专业领域。常被北大人挂在嘴边的"我们北大",所认同的,只能是一种精神气质,而非具体的专业知识。换句话说,放长视野,人文学者对于大学名誉、性格、传统的影响力,实在不容低估。若干年后,我再次撰文,提醒读者:别看眼下各大学普遍重实用轻理论、重理工轻人文,要讲"大学精神",必定偏于人文学者。这样一来,形成了一个有趣的局面:谈科学管理的,动辄摆"数据";讲人文修养的,则喜欢说"故事"——别看故事玄虚,故事里边有精神[1]。

《数码时代的人文研究》(2000)

为参加韩国全南大学主办的"全球化背景下的人文研究"国际研讨会(2000年6月1—4日),我撰写了《数码时代的人文研究》,此文初刊《学术界》2000年5期,有各种转载及节录流传。引两段文字,以见此文特色:

> 二十一世纪中国的人文研究,必将面临诸多挑战。这其中,有的是延续百年的文化转型,比如走向专门化过程中如何坚持知识分子立场,以及西方理论框架与传统学术资源的调适,有的是八九十年代以来出现的新问题,比如大众传媒的迅速扩张与学院派姿态的紧张,重建学术规则的努力与超越规则自由驰骋的冲

---

[1] 陈平原:《文学史视野中的"大学叙事"》,《北京大学学报》2006年2期。

动。但更值得注意的,还是世纪末崛起、且正以排山倒海之势席卷全球的互联网(Internet),其必将改变二十一世纪人类的生存方式及精神风貌,已经是不争的事实。

对于人文学者来说,"阅读"本身便是一门学问,远不止是找寻与论题相关的数据,更包含着体会、反省、怀疑、选择。成熟的学者,既有一目十行的"随便翻翻",但更看重朱熹所说的"耸起精神,树起筋骨,不要困,如有刀剑在后一般"的阅读。假如古人所追求的沉潜把玩、含英咀华,完全被吹着口哨的随意浏览所取代,那绝对不是好消息。

资料公开且索取方便,"博闻强记"因而不再是成为第一流学者的主要条件。这一新局面的形成,使得研究中占有资料的重要性相对下降,而独立思考、怀疑精神、批判意识以及综合分析能力的培养,变得更为紧迫和重要。如何因应这一技术突变带来的思维方式的革新,值得人文学者认真思考。时过境迁,文中的技术指标及统计资料早已过时,但基本思路仍然可取:"我们的责任,不是表达对于'网络'这个独领风骚的'当代英雄'的赞赏或鄙夷,而是努力去理解、适应、转化,尽可能在趋利避害中重建新时代的精神、文化与学术。"

《大学三问》（2003）

此文初刊《书城》2003年7期，是针对2003年春夏之交北京大学"人事制度改革"的争论而写的。所谓"三问"，即："人文有无用处""管理是否万能""榜样如何获得"。单看标题，就知道我的基本立场。不过，与其他批评者的冷嘲热讽不同，我对这方案虽有批评，但承认制定方案的初衷是好的，具体措施也有其合理性，只是整个操作过程出现问题。风波过后，我和校长交谈，提了三点意见。"第一，大学由三部分人组成：管理层、教授以及学生，这三部分人的利益及趣味是不一样的，假如只考虑管理层的需要，那事情肯定做不好。任何改革方案，出台前应尽可能多地与普通教授协商、沟通。表面上，这方案也征求了很多教授的意见，可那些教授都是身兼院长或各职能部门领导的。著名教授当了院长、部长之后，立场及趣味都会改变，更多地考虑如何加强管理，而不是发挥个性。第二，北大制定改革方案时，缺少人文学者的参与。你会说不对啊，我们找了好几位文科的代表。我的解释是，同属文科，人文学和社会科学之间，因知识背景、文化趣味以及经济利益等，有很大的差异，某些方面甚至是严重对立。第三，政策制定者过多地依赖美国经验，这是有问题的。必须兼及美国、日本、欧洲，以及传统中国大学的思路，否则，很容易水土不服。"[1]

关于"人文有无用处"，我的答案很简单："所有的大学校长都会告诉你，有，而且很大。可我相信，几乎所有在大学工作、学习的人，都明显地感觉到最近二十年中国的人文学科（不是传统意义上的'文科'，因'社会科学'发展得很好）正迅速地边缘化。"原因很复杂，撇开社会的急功近利以及政府决策的偏差，当代中国人文学的困境，还与大学评价体系密不可分：

> 介入当下的社会改革，变化风气，影响思想学术，这种贡献，无法量化，却是现代大学题中应有之义。如果以为只有得大奖、评院士才是大学成功的标志，那可就大错特错了。精神文化上的努力，不只无法准确统计，更因其介入现实，申述正义，张扬民主，很可能得罪权贵，招人嫌恶。但这种独立思考、不断求索、勇于承担的精神传统，是当代中国大学所

---

[1] 参见陈平原《解读"当代中国大学"》，《现代中国》第十一辑，北京大学出版社，2008年9月。

应该格外珍惜并努力承继的。从行政管理的角度，这些擅长怀疑与反省、喜欢"胡思乱想"的人文学者，不只没给大学"加分"，还"添乱"。可长远看，正是这些公共知识分子问心无愧的努力，使得大学充满生机与活力。

当代中国，人文学属于"长线投资"，而且有风险，这就难怪大学校长纷纷表态"大力支持"，但往往难以落到实处。三年后，韩国延世大学主办"人文学的功用与大学改革"国际学术研讨会（2006年5月26—28日），指定我就北大人事制度改革发言，只好又"三问"了一番，没想到竟引起与会者很大的同情与响应。

《我看"大学生就业难"》（2004）

2004年春，我在法国教书，住巴黎国际大学城，接到紧急邀稿，连夜奋战，于是就有了这篇初刊《北京大学教育评论》2004年4期、后被多方转载的《我看"大学生就业难"》。撰文的背景是，经过几年连续扩招，大学生就业难的问题凸显，很多专家将其归咎于专业设置脱离经济建设主潮。此文带有论战性质，反对简单的"接轨说"（即根据市场需要设置专业），主张大学里的人文学，不仅不该削弱，反而应该加强。

大学扩招，专家们大都主张，应注意专业对口。这一点，我不无疑虑。如果原本就是以技能训练为中心，这样的学校，容易与就业市场对得上口；可又讲提高学术水平，又提瞄准市场需要，这"口"到底该怎么"对"？在我看来，与其在研究型大学里增设许多实用专业，弄得不伦不类，还不如放手一搏，相对脱离一时一地的就业市场。这里的基本假设是：社会需求瞬息万变，大学根本无法有效控制；专业设置过于追随市场，很容易变成明日黄花。学得姿势优美的屠龙术，没有用武之地，还不如老老实实地强身健体。

在我看来，"上大学"不等于"找工作"，四年时间，能获得人文、社会或自然科学方面的基本知识，加上很好的思维训练，这就够了。既然没有办法保证专业对口，何不选择海阔天空——了解社会，了解人类，学点文学，学点历史，陶冶情操，养成人格，远比过早地进入职业培训，要有趣、也有用得多。

当初文章发表，好多人说很解气，但解决不了实际问题。因为，学生们为了日后能赚大钱，还是涌向"热门专业"。可我坚信，照此路径，很多热门专业的毕业生将找不到工作。果不其然，2010年5月5日《文汇报》上有一篇《工商管理："热门"专业风光不再》，说根据调查，十个失业率最高的专业包括工商管理、计算机、法学、英语、国际经济与贸易等"热门专业"。相反，像中文系这样的长线专业，没有大红大紫，也不会大起大落。

《我的"八十年代"——答旅美作家查建英问》（2005）

2005年1月3日，我在家里接受旅美作家查建英的采访，访谈稿先刊《社会科学论坛》2005年6期，后收入查建英的《八十年代访谈录》（北京：三联书店，2006）。谈及上世纪八十年代和九十年代中国学界的差别，我做了许多分析，其中有一点：

> 九十年代的学术转型，跟社会科学在中国的迅速崛起有关。以前的"文化热"，基本上是人文学者在折腾；人文学有悠久的传统，其社会关怀与表达方式，比较容易得到认可。而进入九十年代，一度被扼杀的社会科学，比如政治学、法学、社会学、经济学等，重新得到发展，而且发展的势头很猛。这

些学科，直接面对社会现状，长袖善舞，发挥得很好，影响越来越大。这跟以前基本上是人文学者包打天下，大不相同。

对于八十年代"文化热"中的活跃人物，我是充满敬意的；可九十年代中国社会科学的兴起，使得人文学者那种理想主义的、文人气很浓的、比较空疏的表达，受到了压抑，这本身有其合理性。整个中国社会及学界，都面临巨大的转型，众多训练良好的法学家、经济学家、社会学家，他们讨论具体的社会问题，明显比你人文学者专业有效，而且深入。对于人文学者的喜欢使用"大字眼"，动辄"主义"，还有"理想"什么的，社会科学家并不买账。学界普遍质疑"宏大叙事"，有后现代主义思潮的影响，但也牵涉社会科学对人文学术的挑战。我说这是一种"进步"——可惜很多学人文的，不太愿意承认这一点。

《人文学的困境、魅力及出路》（2006）

2006年秋冬，我应邀在北京大学、中国人民大学、武汉大学、清华大学演讲，大都围绕"人文学"做文章。演讲稿综合整理出来，便是这篇刊于《现代中国》第九辑（北京大学出版社，2007年7月）的《人文学的困境、魅力及出路》。全文六部分，分别是"人文学之日渐边缘化""重建人文学的自信""以'人'为中心的学问""两种读书策略""'尚友古人'的好处""学者是怎么成为风景的"。因为是对大学生演讲，不免有"励志"以及传授"经验"的成分，亲切感有余，深刻性不够。文中再次提及："社会科学在九十年代中国的八面风光，是有其道理的。反而是人文学者因喜欢使用'大字眼'，有时显得有些迂阔，大而无当，跟整个社会风气不太协调。"下面两段话，指向人文学者的志向与自律。

在一个正常社会，大学校园里有各种各样的人，适应社会及学界的各种需求。比如，有的人致力于建立精神的标杆，纯粹理想性质，不管你社会如何变，我都坚持自己的理念与立场，用我的眼光和趣味来衡量一切。没有这种毫不妥协的追求，社会发展会缺乏方向感；但反过来，只有这些，缺乏可操作性，社会没办法正常运作。因此，那些脚踏实地、实实在在地承担起改造中国重任的人物，同样值得尊敬。如果不避以偏概全的话，这大概是人文、社科两类学者所应该承担的不同责任。

人文学在大学里面日渐边缘化，处境比较尴尬。

这个时候，有些人文学者为了拯救自己心爱的学科，也提升作为研究者的地位，使出了各种各样的花招。比如说，从事一些看起来很"有用"的工作。你们不是嫌我们人文学没用吗？不对，我们也有实际应用的能力，也能对国计民生产生看得见摸得着的成果。于是，大学里设立了专门的研究院，开展"人文奥运"工程。这种服务社会的热情，当然很好，可我不知道这个"有用化"的努力，会不会偏离了人文学所特有的对于价值、对于历史、对于精神、对于自由的认知。为了得到政府及社会的高度重视，拼命使自己显得"有用"，而将原来的根底掏空，这不但不能自救，还可能使人文学的处境变得更加危险。

如果说八十年代中国的学术界太玄虚的话，那么，九十年代的中国学界，在我看来，则未免太实际了。这个时时处处讲求"有用"的大趋势（以"服务国家大战略"为号召），扭曲了整个中国学界的工作目标及价值追求。对于人文学来说，从长远看，伤害远大于收益。

《当代中国人文学之"内外兼修"》（2007）

2007年8月15—17日，澳大利亚莫纳什大学召开"放长眼，量宇内：展望思想中国的未来"（Thinking Ahead：Chinese Visions on a Planetary Scale）国际学术研讨会，我提交了《当代中国人文学之"内外兼修"》。这篇初刊《学术月刊》2007年11期的论文，共分"日渐分裂的大学校园""大学扩招与'国学热'""素质教育与通识课程"以及"学术工程与评审文化"四部分。文章细针密缝，资料相当丰富，不过，会议安排的讲评者叶晓青教授认为我太乐观了，她更喜欢我在《大学三问》中的说法。谈及"日渐分裂的大学校园"，文中有这么一段：

> 大学校园里，"无用"的人文学不如"有用"的社会科学吃香，普天之下，莫不如此。要说此举有什么"中国特色"，那就是中国文人曾经有过的"帝王师"梦想，如今正由社会科学家来实现。考虑到转型期中国各种错综复杂的社会矛盾，每回政府推出重大决策前，确实都曾征求专家们的意见（或请专家参与起草相关文件）。问题在于，被纳入"思想库"或"智囊团"的，大体上都是社会科学家。至于人文学者，除非你已成功转型，作为人大副委员长、政协副主席或各民主党派的首脑，会在适当的时机被"征求意见"；否则的话，已不可能参与重大决策。今日中国的人文

学者，基本上放弃了"治国平天下"的历史重任，惟有事后发发牢骚或表态支持的份了。

必须说明的是，作为学科的"人文学"与作为个体的"人文学者"，二者之间既有联系，更有区别。所谓的"危机"以及"崛起"，主要指向整体环境，而不是个人选择。单就个人而言，像章太炎之"幼慕独行"，或者像鲁迅那样"荷载独彷徨"，乃其壁立千仞、特立独行的表征；身处边缘，遭遇患难，对其思考的深入以及著述的专精，不但不构成威胁，有时还是一种助力。因此，我关心的不是学科的"冷热"，而是如何学会在边缘处探索、自省、呐喊、突围。

换句话说，我以为人文学的真正危机，很可能不是其在大学中的地位相对下降，而是被教育主管部门按照工科或社会科学的模样进行"卓有成效"的改造。这种"阉割"，因有金钱作为诱饵，当事人没有任何痛苦，有可能还是自愿上钩、自觉上套。再也没有"不计成本"地"神游冥想"的苦行僧、独行侠或读书人，即便有，也早就被时代抛弃；放眼望去，"长安道上"，万马奔腾，尘土飞扬，全都被纳入既定的发展轨道。经过这么一番"积极扶持"，大学里的人文学者，钱多了,气顺了,路也好走了。只是原本强调独立思考、注重个人品、擅长沉潜把玩的"人文学",如今变得平淡、僵硬、了无趣味,实在有点可惜。在我心目中,所谓"人文学",必须是学问中有"人",学问中有"文",学问中有"精神"、有"趣味"。但在一个到处生机勃勃而又显得粗糙平庸的时代,谈论"精神超越"或"压在纸背的心情",似乎有点奢侈。

《陈平原谈大学中文系》(2009)

2009年7月5日的《东方早报·上海书评》,头版发表关于我的专访,值得引述的是我谈"大学中文系的自我定位":

> 中文系曾经那么辉煌,现在有点被边缘化,大家感慨万分,但不该被"悲情"所笼罩。在今天这个喧嚣的时代,需要理解我们的真实处境和发展路向,有所坚持,也有所创新。我坚信,当眼下五光十色浮华侈靡的大幕退去,学术重归平静,人文学科应该是最能站得住的。大学作为一个知识共同体,需要专业技能,也需要文化理想。对于营建校园氛围、塑造大学风貌、体现精神价值,起决定性作用的,是人文学

科。这一点,我们不能妄自菲薄。

当初《上海书评》发表此专访,本就有为北大中文系百年纪念"预热"的意味;因此,此专访应与下面的文章一并阅读。

《"中文教育"之百年沧桑——写在北大中文系百年诞辰之际》(2010)

此文初刊《文史知识》2010年10期,因有"纪念"意味,自然稍为"乐观"。文章这样描述人文学科的处境:

> 人文学被如此地边缘化,这是目前中国教育过分市场化的结果。等到国民的温饱问题解决了,那种将"求学"等同于"谋职"的趋势,会逐渐转变。整个社会弥漫着拜金主义,家长的期待、媒体的渲染,再加上大学的失职,导致学生选择专业时更多考虑毕业后的薪水(还不一定能实现),而很少坚持个人兴趣。我不敢提倡"安贫乐道"(确实有人勒紧裤带,只读自己喜欢的书,只走自己选择的路,但这不具普遍性),我想说的是,目前这种盲目追求"热门专业",实在不可取。其实,这些年中文系学生的就业情况,远比

外界想象的要好。

一开始，我以为是北大情况特殊，去年在杭州召开重点大学中文系主任会，发现好大学大都如此。这从招生也能看得很清楚。比如，今年我们在北京计划招收5人，可录取在线共有27人报考，最终录取了13人；还有，今年北大中文系总共招了4名各省市文科第一名（北京、新疆、内蒙古、云南），让很多人跌破眼镜。不是说第一名就比第二、第三好很多，那只是一个象征意义，代表社会上开始重新看好中文系。我在《中文百年，我们拿什么来纪念？》（2010年10月9日《新京报》）中稍做分析：成绩顶尖而愿意选择北大中文系的，大都是大城市的孩子（如北京、上海）。什么原因？一是视野比较开阔，二是家庭相对富裕，故更多地考虑个人兴趣而不是就业前景。因此，我有个大胆判断：随着中国人日渐"小康"，中文系等人文学科，开始"触底反弹"了[1]。当今世界，无论"语言""文

---

[1] 与此相呼应，今年香港中文大学招生，收生分数最高的竟然是中文系，实在令人难以置信（《顶尖学生云集中大》，《中大通讯》363期，2010年9月19日）。这里有偶然性，今年通过大学联合招生办法，香港中文大学共录取新生2340名，其中包括1名6A生，6名5A生，29名4A生，而这名6A生恰好选了中文系。

学",还是"历史""哲学",都不可能成为门庭若市的"显学";但这些人文学科正在逐渐走出低谷,有可能"贞下起元",这是很值得注意的现象。

关于中国大学问题,我出版过若干著述[1],但从不敢标榜"胸有全局"或"客观公正"。我会事先声明:"这是一个大学教授(不是政府官员)、人文学者(不是经济学家),从'文化的观点'(不是'经济的观点'或'政治的观点')来谈论作为一种组织形式的'大学'。"[2] 不要说政治立场,单是职业、学科、方法、文体等的差异,都直接影响我们谈论大学的视野与姿态。人文学者谈"人文学",受自身立场及视野限制,很可能也因身在此山中而"不识庐山真面目"。

作为人文学者,我希望以建设者的姿态、批判性的眼光,来"直面惨淡的人生"。倘若有人认为文章结尾处过于"光明",起码在主观上,并不是模仿鲁迅"不恤用了曲笔,在《药》的瑜儿的坟上平空添上一个花环"

---

[1] 如2009年北京大学出版社刊行的"陈平原大学三书"(《老北大的故事》《大学何为》《大学有精神》)以及香港三联书店刊行的《历史、传说与精神——中国大学百年》。

[2] 参见陈平原《大学公信力为何下降——从"文化的观点"看"大学"》,2007年11月14日《中国青年报·冰点周刊》及《新华文摘》2008年4期。

(《呐喊·自序》)。当然，谈论当代中国人文学所面临的各种困境，还是为了寻求可能的生路与出路。即便稍嫌乐观一点，近乎自我鼓气，也未尝不可。

2010年10月9日于香港中文大学客舍
（初刊《云梦月刊》2010年第6期）

我看"原始创新"

2002年春夏,科学技术部办公厅调研室曾就那时社会各界普遍关注的"原始创新"话题,举办了一次跨学科座谈会。第一个发言的是中科院资深院士邹承鲁,第二位发言的陈述彭,也是中科院资深院士;我排在第三位,后面还有好些科学家及人文学者踊跃发言。这次座谈会的纪要,以《自然、人文、社科三大领域聚焦原始创新》为题,初刊《中国软科学》2002年第8期。多年后重读此文,感慨良多。话题依旧,自家立场也没大的改变,这既让我欣慰,也不无遗憾。现将此长篇纪要中我的发言部分摘录出来,算是立此存照。

我是学人文学的,到这里开原始创新会,觉得很奇怪，也很好奇，没什么高见，就想听听各位专家的声音。以我的观察，文理结合，很好听，但实际操作起来很难。我参加过好多类似的跨学科会议，感觉不是很好，为了寻求共同语言，最后只能谈哲学，当然是"大众哲学"。要不，各说各的，很难互相沟通。哲学谈不下去，那就说说发展战略，这倒是容易找到共同话题。可谈发展战略，牵涉最多的自然是"权威""集体""本质"等，作为人文学者，对这些熟悉的字眼，不无疑虑。面对滔滔洪水般的"话语流"，个人很难置身度外。开会时我也很激动，可回家仔细想想，绝大部分是重复多遍的空话。会议气氛很有感染力，发言的当下，你会觉得自己真的是在"挥斥方遒"，国家大事，三言两语，就这么搞掂了。等你回到家中，坐在书桌前，打开台灯，你才真正知道自己能干什么，该干什么。

还有一点，我之所以对"发展战略"之类的字眼不太感冒，跟目前整个学术界弥漫着的"工程"气息有关。从教育部到各大学，领导的讲话以及具体操作思路，都跟"做工程"一般。而这，我认为对人文学术的发展不太有利。整合不同学科时，一定得注意不同学科安身立命的根基，以及其不同的思维方式与审美趣味——在我看来，自然科学也有审美的一面，只不过与人文学术不同罢了。在讨论原创性创新的会议上，非议学术研究的"工程化"，不是故意作梗，而是希望尊重不同学科的特性。

要说困境，首先是整个学术的传媒化。生活在现代社会，受大众传媒的影响，这很正常，我担心的是学界的风气。先说个故事。今天我不是"打的"来的吗，出租司机不知道科技部在哪里，还再三追问我有没有搞错。一路上，问了六七次，才问到这个地方。事先打听了，科技部在中央电视台附近，但不知道是在东边还是在西侧。过了军博我就问路。不知道。往前走，再问，还是不知道。正彷徨着，幸亏有一长者路过，随手一指，转弯就是了。在我心目中，科技部很重要，远比中央电视台重要，可这么重要的科技部，一直到了眼前，北京市民还可能不知道。这真是大大出乎我的意料。放在二十年前，这是不可想象的。斗转星移，现在的大众传媒在一般人的日常生活中，已经占据远比科技部重要的位置。

中央电视台的"赫赫有名"，只是大众传媒影响社会——包括学术——的一个表征。这就不难明白，学者们纷纷以上电视为荣。什么高雅的人文学者，精深的自然科学家，更不要说讲求经世致用的社会科学研究者，全都积极与大众传媒结盟。我不知道科学家对于大众传媒的态度，我的立场是，大众传媒可以赞助现代学术，但也带来不少负面效应,尤其是对于学风的不良影响。功夫在学外,已经成为一种时尚;再像前辈学者那样"只求耕耘,不问收获",已经显得十分落伍。也做学问,但精力已经大大分散,忙着应付各种俗务。这还不算那些为走捷径而采取不正当手段的。学者的明星化,表面上是社会关心学术,实际效果则是读书人"心有旁骛"。这里有上级领导不得体的关怀,有商品经济社会挡不住的诱惑,有学者个人的趣味,但也包括整个评价体系的不健全。通过大众传媒造势,进而影响学界的评价,这样的例子实在太多。

你经常在电视上露面,大家都知道,那必定是个人物,这样的人物,怎么还不是教授?这种社会舆论,对于评职称或著作评奖,都是很有用的。这就不难理解,为什么会有那么多学者,将接近大众传媒作为新时代的"终南捷径"。而这种选择最直接的后果,便是学界风气的浮夸以及普遍急功近利。本来学者讲话应该严谨,有一说一,有二说二,多闻阙疑。现在可好,学者说话越来越浅俗,越来越夸张,越来越像"报纸语言",甚至近乎广告。这种影响是潜移默化的,说话的腔调变了,趣味及思维方式也都会跟着变。

第二个让我感到困惑的问题,是人文研究的日益社会科学化。我说的不是跨学科的研究策略,而是工作目标的设定。比如，笼统地提出要把大学办成中央或各级政府的思想库、智囊团，以及主张加强对策性研究，我觉得都不太恰当。对人文学者来说，这种提倡更是要命；因为，绝大部分人文学者的研究工作，不是为了解决具体的社会问题。起智囊团作用，这只是大学很小一部分的功能。政治学可以做到，经济学也可以，文史哲就不太适合了。你叫一个从事考古学或古文字研究的学者，如何对策化？在现代中国的大学里，人文学普遍不受重视，跟这一讲求对策化的思潮有关。因为，从能否提供对策或直接服务经济建设这个角度，人文研究确实"用处不大"。当年王国维说过，"学无中西"，"学无新旧"，"学无有用无用"，不懂这些，就是"不学之徒"。而到今天，我们还得不时站出来辩解，说人文学如何不可缺少，虽然不"实用"，但有"大用"。需要如此再三申诉，想想也真可悲。现在的问题是，没人说不要人文学，只是希望人文学最好能像社会科学那样，"有益于国计民生"。

据说很多人对北大的批评是，不出领导，只出批评家；或者夸大点说，出思想家，而不出政治家。这可能是北大的人文学传统很强的缘故。可这不见得是坏事。如果真能对人类的精神文化有重大贡献，那是值得庆幸的。毕竟，我们不只需要经济增长，还需要思想文化领域里的传承、革新乃至创造。

第三个问题是人文研究的工程化。像管工程那样来管人文学术，高规格，严要求，定出时间表和进度表，经常审查与督促。表面上很热闹，可效果并不好。每天忙着填表，忙着评比，忙着计算工作量，都快没时间做自己的研究了。不能迷信"管理出效益"，起码在人文研究领域，过多的管理是导致目前学界风气浮躁的一个重要原因。人文学者需要沉潜把玩，需要含英咀华，需要宁静致远，甚至需要闲情逸致，所有这些，都与"加强管理"的思路背道而驰。强调规划与管理，可以使原先懒散的人，也都按时出成果；可如此折腾，没了"十年磨一剑"的从容。

你要我每年都出成果，而且都得按原先制定的计划工作，我只能搞短平快，怎么可能考虑什么"原始创新"，冒着每年扣奖金甚至失业的风险，去经营需要十年八年才见成效的大作品？工程管理需要计划，人文研究则有很大的随意性。学者靠的是长期的修养，靠的是不懈的追求，最后灵光一闪，照亮了平生的积累，抓住机遇，再加上自家努力，就这么出的大成果。根本不可能是原先计划好的，要是结论早先就有，而且可以按部就班地推进，我很怀疑这种研究的价值。我是"文革"以后上的大学，我的感觉是，20世纪80年代中国的人文学术发展很快，这几年反而势头有点减弱。那时钱少,但大家精神状态很好,而且读书做学问的时间多。现在薪水提高,工作量加大还在其次,最要命的是管得太多。各种各样的评奖,五花八门的规划,再加上形形色色的表格,专业以外所花的时间太多,有点可惜。人文学不同于工程技术,搞"两弹一星"需要几万人乃至十几万人的通力合作,那确实需要周密计划。人文学不是这样,一个哲学家,一个文学家,能否出大成果,关键在于他那个大脑,别人帮不了多少忙。领导再重视,配备百八十个助手,要是出不来,急也没有用。现在时兴"造大船",说是很多人有计划地通力合作,就能大干快上,这点我表示怀疑。20世纪40年代,清华大学校长梅贻琦说过,大学生整天忙着上课,没时间独立思考、品味生活,这样是学不好的。我们现在的大学教授也是这样,太忙了,没时间思考真正的问题。你要问我有什么办法,我的意见很简单:给人文学者创造一个比较宽松的环境,以便其进行更有价值的专门研究。

一说到"宽松的环境",以前主要针对意识形态方面的限制,现在我谈的是过于注重管理所带来的弊端。要我说,聪明的管理者只做三件事:选人,给钱,然后"坐享其成"。不管不是不负责任,而是信任你选中的学者,只要求他出成果,出大成果,至于他采用什么方式,让他自己决定。现在的问题是，管得太细太具体，管理者非常辛苦，学者们则不胜其烦。陷入繁琐的日常事务，整天为杂七杂八的小事操劳，还得应付各种检查，这样的精神状态，不适合于干大事。当然，如果像我说的那样，会有人光拿钱不干活，但那是选人的失误。真正有造诣、有事业心的学者，值得"风险投资"，而且用不着看手看脚。

至于体制性的问题，我就提一个小建议：在若干所好大学里为自然科学、人文学以及社会科学设立高等研究中心，让教授们得以暂时脱离日常教学工作，集中精力完成某个专深的课题。刚才说了，现在的研究者，零敲碎打的多，其中一个原因是，一旦成为资深教授，几乎再没完整的研究时间。模仿美国的办法，在大学里建立高等研究中心，并不需要很多钱，但能解决大问题。这不同于博士后制度，针对的是已经工作过一段时间，有较多的学术积累和很好的研究课题，而又苦于没有完整的研究时间的学者。我觉得这比较可行，既是一种有效的学术交流，又能出像样的成果，而且不必对现行制度大动干戈。当然，这只是小建议，不是"发展战略"。

（初刊《中国软科学》2002年第8期）

"道不同",更需"相为谋"

——中美人文对话的空间与进路

《论语》中有这么一句常被引用的名言:"道不同,不相为谋。"意思是说,立场、志趣或主张迥异的人,很难在一起共事或谋划。进一步延伸,那就是,既然"相为谋",必定是道相同——即便现在不相同,总有一天也能走到一起的。但这只是理想的设计,正在(或曾经)"相为谋"的,很可能日后(或早就)反目成仇。谈论"志同道合"者的"对话"很容易,而我更期望的是,工作目标及评价标准很不一样、各有各的骄傲与坚持的群体,通过有效的沟通与对话,最终达成某种谅解与互信。

如此低调的陈述,是因为各国的人文学者,其思考与表达既受各自生活经验与意识形态的影响,又深深地植根于其使用的语言。不同学科的国际化,步调其实很不一致。

自然科学全世界评价标准接近，学者们都在追求诺贝尔物理学奖、化学奖；社会科学次一等，但学术趣味、理论模型以及研究方法等，也都比较容易接轨。最麻烦的是人文学，各有自己的一套，所有的论述都跟自家的历史文化传统，甚至"一方水土"有密切的联系，很难截然割舍。人文学里面的文学专业，因对各自所使用的"语言"有很深的依赖性，应该是最难"接轨"的了。

不同文化之间的"对话"，是努力倾听对方的表达、理解对方的思考，而不是一味争高低，或非说服对方不可。可在现实生活中，有人声音大，有人声音小，不存在绝对平等的对话关系。随着中国的逐渐崛起，除了政治与经济，在文化、思想、学术、教育等领域，同样不再满足于"跑龙套""当学徒"（参见《"不能总是在当代世界文学舞台上跑龙套"——余华谈这中国文学的译介与传播》，《中华读书报》2014年8月27日；吴晓明《中国学术如何走出"学徒状态"》，2014年12月12日《文汇报·文汇学人》），这种心态完全可以理解。

可是，一个国家的文化、思想、学术、教育，固然跟其经济水平及社会发展阶段有关，但不等于GDP，更多地关涉精神状态与文化自信。原哈佛大学教授、现任北京大学高等人文研究院院长的杜维明先生曾问我：中国的人文学者何时能在世界舞台上"轻松自如"地表演——即便不是唱主角,也不能总是跑龙套。我说十到二十年,他很高兴,说这是他听到的最乐观的回答。不少人说需要五十年,也有说一个世纪的,这让他很郁闷。我相信,再过十年二十年,在各个人文研究领域——包括中国问题研究,也包括人类未来的探讨,会有越来越多的人愿意倾听中国学者的意见。

但这不是一蹴而就,也不是自然而然,有赖于中国政府及中国学者的不懈努力。这一努力,不妨就从著作、杂志以及学术合作三个层次略为陈述。

具体到中美人文著作的译介,很长时间里,中国是输入远大于输出。这里包含学界的专业评判,也有公众的阅读趣味,短期内不可能改变。中国政府意识到这个问题,正将此前政府行为的强行输出,逐步转变为资助有意愿合作的外国出版机构。只要有国外著名出版机构看中,中方出版社在输出版权的同时,可向国务院新闻办公室与新闻出版总署共同启动的"中国图书对外推广计划",新闻出版总署设立、委托中国编辑学会具体操作的"经典中国国际出版工程",以及由全国哲学社会科学规划办公室设立的"国家社科基金中华学术外译项目",申请翻译费用或出版资助。这三大计划 / 工程 / 项目都有严格的评审机制,能否公正对待每部提出申请的著作，会不会受意识形态或人情的干扰，目前很难评说。但这起码给中国学者不卑不亢地"走出去"，铺就了一条颇为光明的新路。

之所以说"不卑不亢"，是因为当下中国大学，颇有以是否"走出去"为评价标准的。如此焦虑的心态，弄不好本末倒置，学者们会为了"走出去"而扭曲自己的学术立场。"为国际化而国际化"，那样会丧失自家阅读、思考、表达的主体性。过分强调进入人家的学术场域，若自我不够强大，很容易变得随声附和，或被人家的政治立场及问题意识所覆盖。依我浅见，当下的中国学界，不要期待政府拔苗助长，也别抱怨外国人不理睬你，更不靠情绪性的政治口号，关键是练好内功，努力提升整体的学术水平。若能沉得住气，努力耕耘，十年生聚，十年教训，等到出现大批既有国际视野也有本土情怀的著作，那时候，中国学术之国际化，将是水到渠成。眼下中国政府积极推动的中国文化"走出去"，是一种助力，但弄不好也会成为陷阱——很多原本不值得译介的图书或论文，因得到政府的资助而得以"走出去"，反而影响了中国学术的整体声誉。

作为研究中国文学、史学、哲学的中国学者，最好是学问好且精通多国语言，能用外语（主要是英语）在国际主流媒体及顶尖学术期刊上发表论文。如果做不到，则不妨退而求其次，做好自家学问，然后借助翻译"走出去"。对于大多数英语不够好的中国学者，这不失为一条可行的通路。2007年起，中国的高等教育出版社与德国的Springer出版公司（Higher Education Press and Springer-Verlag GmbH）合作，出版学术季刊 *Frontiers of Literary Studies in China*。该刊遴选中国学者撰写的中国文学研究论文（包括中国古代文学、中国现当代文学、外国文学及比较文学、文学理论及批评史等），全文译成英文，推介给欧美学界。在该刊的《主编寄语》中，我是这么说的："所谓'东海西海，心理攸同；南学北学，道术未裂'（钱锺书《谈艺录·序》），那基本是一种理想境界。理论上，做学问的人，都该博古通今、学贯中西才是；可实际上，单是不同语言之间的隔阂，便多少限制了思想的沟通以及学者间的对话。这还不算那些隐藏在语言隔阂背后的文化偏见以及立场歧异。如何填平这些有形无形的鸿沟，达成跨语际的对话，'翻译'大概是必不可少的手段。"（见 *Frontiers of Literary Studies in China*, Volume 1, Issue 1 [2007]）五年间（2007—2011），该刊先后发表近140篇英文论文。前四年属于选文翻译，进行得比较顺利；第五年，在高等教育出版社的强烈要求下，逐渐改为英文原发。

杂志下一步该怎么走,编委会和出版社意见不一致。我们的思路是:此乃中国学者走出去的重要窗口,应兼及国际性与本土性;若过分强调英文撰稿,必定变成汉学家或留学生的阵地。因为,即便留学归来,能直接用英文撰写专深的文学研究论文,且达到国外学术杂志发表水平的,微乎其微。而出版社的目标是尽快进入 A&HCI,这就要求编委以国外学者为主,全部英文撰稿,这样做,既省钱又好听,且容易"走向世界"。基于此理念上的差异,双方分道扬镳——第二年起,该刊改为与美国纽约大学合作。

在我看来,中国学者"走出去"的最大障碍,其实不是外语能力,而是学术水平。主编 *Frontiers of Literary Studies in China* 的这几年,我阅读了大量编委推荐的优秀论文。说实话,让人拍案叫绝的好文章,并不像我想象的那么多。至于这个领域每年推出的众多学术专著(很多因得到国家社会科学基金项目或教育部社科基金项目支持,可提供出版补贴),也都不见得精彩。以我对国外学界的了解,值得推介出去的科研成果,并非遍地都是。更何况,我们的愿望与人家的需求不一定合拍。若人家不需要,硬推出去,即便侥幸成功,也没有意义。

若着眼于自家学术水平的提升,而不是急于"走出去",那么,与国外学者展开长期合作,或许是一个更为理想的途径。从 2003 年起，我与美国哈佛大学东亚系教授王德威合作，召开"都市想象与文化记忆"系列国际学术研讨会，选择北京、西安、开封、香港等重要城市，邀请文学、史学、哲学、考古、地理、艺术、建筑等不同专业的中外学者，举行小规模的专题性研讨，并出版论文集，效果极佳。比起很多得到政府或企业鼎力支持，故冠冕堂皇、花销惊人的"高端论坛"来，这种具体而微的"国际合作"，学者间的良好沟通与相互借鉴，更容易得到落实与呈现。

在中国，"走出去"一旦上升为国家战略，必定是粮草充足、兵强马壮。于是，不断地签协议、开大会、发通稿、编列预算、出版丛书、周游列国等，很是热闹。对于这种千军万马齐上阵且"荣辱与共"的感觉，我不是很喜欢。明知这么做可先声夺人，博得更多的掌声；但作为人文学者，我更欣赏"独行侠"的工作方式。

在一个到处渲染全球化、云计算、大数据的时代，我很惬意地享受上几代人根本无法想象的生活便利，但又越来越怀念那种个体的、可辨认的、有温度且有感情的学术交流，以及那种剑及履及的低调的学术合作与教诲——行文至此，怀念一年多前去世的原哥伦比亚大学教授夏志清（C. T. Hsia，1921—2013 年 12 月 29 日）、原哈佛大学教授韩南（Patrick Hanan，1927—2014年4月27日），在阅读这两位先生的著作及实际交往中，我得到了很多有益的启示。

2015年3月30日于京西圆明园花园

附记：此乃作者2015年4月10日在美国华盛顿召开的第四届"中美文化论坛"上的演讲稿。只给十五分钟时间，且需事先提供讲稿，也只能如此轻描淡写了。会议主题是"培养合作：通过人文研究和创新架构文化桥梁"，说好特别关注译介问题。同行三人，长期主持"海外中国研究丛书"的刘东，以及翻译过诸多西方批评家文论的陆建德，对此都有很好的体会；唯独我是彻底的门外汉。只是因组织者坚邀，且允许我"说开去"，方才斗胆仓促上场。会议刚结束，某在场记者跑过来追问，说他听出了我的话外音，似乎对正如火如荼展开的"国际交流"不是很热心，问为什么。独学则无友，寡闻则孤陋，这道理谁都明白，我不可能否认各国学者沟通与合作的意义。我担忧的是，随着学术交流越来越频繁，且越来越仪式化，很容易演变成场面浩大，但收效甚微。学者若过分沉湎于此，不仅耽误读书思考的时间,更因不断地取长补短,互通有无,使得各自的思考与表达越来越趋同。长此以往,不利于学术创新。某种意义上,人文学者需要壁立千仞,孤独地面对整个世界,方才能有玄思妙想或惊人之论。当下中国学界,整体水平明显提升,但大学者或大思想家则难得一见,恐怕与我们过分强调"交流"而拒绝"独处"有关。所谓"明辨深思",需要千里走单骑的勇气,也需要"虽千万人吾往矣"的大无畏。正是在这个意义上,谈及人文学者的精神气质时,我更欣赏"独行侠",而不是如今常被领导挂在嘴上念叨的"领军人物"。

(初刊 2015 年 5 月 13 日《中华读书报》)

"大师"如何诞生

今日中国，只要你逛一趟街或开两次会，就能灌进一耳朵的"大师长大师短"。这边厢刚见识过几位史学大师、物理大师、指挥大师，那边厢又来了好些烹饪大师、风水大师、催眠大师；而任何一位穿上袈裟的，也都可能被称为"大师"。至于在各种展厅晃动的"中国工艺美术大师"招贴，更是师出有名——先由轻工业部负责，后有发改委接盘，如今则改为行业协会主持。若你过于天真，想"正本清源"，那是做不到的；因"大师"这概念没有专利，且内涵与外延很模糊，谁都能用，说不上"侵权"。

你若问我何为"大师"，我先请教评价的范围及尺度。不说滥竽充数的，也不提拉大旗当虎皮的，更不屑于分辨那些花大价钱买来的，就算都是个"人物"，也还有个等级问题。诗人兼批评家艾略特（T. S. Eliot）在《什么是经典作品》中，曾将不受时间与地域限制、永久地为全人类所欣赏的作品，称为绝对的经典；而将那些在特定时代、特定国度受激赏的好作品，称为相对的经典。套用这个说法，今人眼中的"大师"，也可以有绝对与相对之分。

在"天不生仲尼，万古长如夜"与"六亿神州尽舜尧"之间，应该有一个比较宽敞、适合于从容地展开论述的空间。拒绝物廉价美的颂词，也不喜欢高不可攀的神坛，我倾向于阅读、阐释、追摹那些离我们比较近的"相对的大师"。具体尺度，接近已故复旦大学教授朱维铮先生（1936—2012）担任学术顾问的系列电视片《大师》，即选择百年中国在思想、学术、文化、教育、文学、艺术等领域引领风骚、作出巨大贡献的人物，作为本文主要讨论的对象。之所以选择"百年中国"的视野，那是因为，晚清以降，中国人在与西方政治、经济、文化、教育的接触、碰撞、竞争与融合中，逐渐发展出自己的信心与道路。还有就是可操作性——谈论"大师"，标准不宜订得太高或太低。订得太低，满街跑大师，一点神圣感都没有，消解了这个概念本身的意义；订得太高，立说的只算孔孟，写诗的仅有李杜，则让许多原本奋发有为的青年才俊彻底绝望,那也不是好主意。另外,还得考虑各学科的特殊性。即便是认真、笃实、开明的读书人,受各自学科文化的影响,也都有自己的偏见——坐下来讨论问题时,不仅隔行如隔山,且各有其自信与尊严。我在北大讲现代中国学术史,提及"百年中国"十多位文史方面的大家,某经济学家看了名单,很不屑地说:这算什么,没有一个哈耶克!因此,本文还得再加一个自我限制——所谈论的,仅限于现代中国的人文学者。

我相信,真正的大师,不是一时一地的政治需要或传媒捧场就能制造出来的。个人潜能——如才思敏捷、学贯中西、博古通今、德才兼备等,并非本文讨论的对象;我想追问的是,在众所周知的"天赋才情"以及"废寝忘食"外,还有什么因素,促成了"大师"的诞生。思前想后,斟酌再三,终于逼出了以下三句话:第一,时势造英雄;第二,高徒出名师;第三,伟大也要有人懂。

翻阅人类文明史,时常感叹命运不公,造化弄人——有的时代天才或曰大师成批出现,竞相争奇斗艳,让你应接不暇;有的时代则平静、平淡、平庸得让后世的阅读者昏昏欲睡,所谓叱咤风云的"大人物",也都不过尔尔。念及此,倒吸了一口气,并开始盘算起自己生活的时代来。

几年前，我写过《"少年意气"与"家国情怀"——北大学生的"五四"记忆》(2010年5月4日《光明日报》)，其中提及："阅读北大校史资料时，我感触最深的是：同一个中国文学门（系），直接参与'五四'新文化运动的学生（1916、1917、1918级），明显比此前此后的同学更有出息。为什么？因为有激情，有机遇，有舞台。依我的观察，各大学各院系大都如此。当初的'同学少年多好事'，以及日后的追怀与阐释，成为其不断前进的精神动力。昔日的口号或学说，早就被后人超越了，但那种追求真理的气势，以及青春激情与理想主义，永远值得你我追慕。"这里的"同学少年多好事"，引自俞平伯1979年所撰《"五四"六十周年忆往事》，此诗接下来的一句是："一班刊物竟成三。"说的是北大中国文学门的同学在新文化运动时期主持三种刊物——以"文艺复兴"相号召的《新潮》，主张"昌明中国固有之学术"的《国故》，以及提倡"新旧学说并行、东西文化并重"的《国民》。这三个杂志存在的时间都不长，但在现代中国史上留下了深深的印记；更重要的是，当年参与其事者，日后大都有很好的发挥。翻开《北京大学中文系系友名录》(2010)，这三届学生共79人，一眼就能认出的有1916级的傅斯年、罗常培、许德珩、杨振声、俞平伯；1917级的邓康（中夏)、罗庸、任乃诇(二北)、杨亮功、张煦、郑奠、郑天挺;1918级的成平(舍我)、孙福源(伏园)等。排列顺序是系友录给定的,别无深意;至于个别比较生疏的名字,括弧中注出了日后广为人知的字或号。

四年前,北大中文系举行百年庆典,需要梳理一下系史,当时我就感叹这三届"人才辈出"。事后仔细想想,认可老话所说的"时势造英雄"——不管从政还是治学,那都是一个"关键时刻"。思想潮流、历史机遇、问题意识、研究方法等,都直接指向了政治舞台的更换以及学术范式的革新。身处此临界点,改革障碍小,社会期待高,发展空间大,实在是再幸运不过的了。一代新人,就这么携着风雨雷电"闪亮"登场了。

有那个"时势",不见得你就能抓住稍纵即逝的机遇,将自家才华发挥得淋漓尽致;但没那个"时势",你再努力,也都很难有大作为。所谓"风云际会",讲的就是这个道理。在这个意义上,一代人所能达到的精神高度与学术深度,有时并不以个人的意志为转移。

读黄宗羲的《思旧录》与钱穆的《师友杂忆》,你会感叹师友之间在精神上及学问上的相互支持,对于学者来说是多么重要。这我承认,且有切身体会。但我更愿意将时人挂在嘴上的"名师出高徒"倒转过来,强调"高徒"

对于"名师"的意义。

大约十年前,我在清华大学谈论如何解读作为"神话"的清华国学院,讲题是《大师的意义以及弟子的位置》(初刊《现代中国》第六辑,北京大学出版社,2005年12月),其中有这么一段话:"谈及国学院的贡献,大家都着力表彰四大导师,这当然没错;可我认为,国学院能有今天的名声,与众弟子的努力分不开。弟子们的贡献,包括日后各自在专业领域取得的巨大成绩,也包括对导师的一往情深,更包括那种强烈的集体荣誉感。……在学术史上谈'大学',一定要把学生的因素考虑进来;学校办得好不好,不仅仅体现在导师的著述,更重要的是师生之间的对话与互动,以及学生日后的业绩与贡献。如果有共同的学术方向或精神追求,那就更好了,更值得大力发掘与表彰。"这里选择证据确凿的个案,很容易展开论述;若拉开距离,泛论学生对于老师的意义,"高徒出名师"这一说法,大致也能成立。

世俗的想法是,弟子们为了某种现实利益,刻意拔高、胡乱吹捧自己的老师,甚至拉帮结派,以谋求师门的最大利益。可我说的是另一种情况——凡开疆辟土者,因精力与寿命所限,只能着力于"发凡起例",已经完成的部分,大都只是"半成品"。这个时候,有无得力且才华横溢的弟子接棒，是其事业能否成功的关键。"高徒"使"名师"的学术思路得以拓展，学术精神得以延续，学术业绩得以发扬光大。在这个意义上，善于培养（及门弟子）及感召（私淑弟子），是大师得以诞生的另一要素。

不是所有"大师"都能在生前得到社会承认并获得表彰的。你说人类文明史上"群星灿烂"，我看见的则是"尸横遍野"——君不闻杜甫诗句"出师未捷身先死，长使英雄泪满襟"？不说那些具有"大师"潜质而最终未能完成的"千古文章未尽才"，即便做出了伟大的业绩，也有可能不被当世读者认可。人类历史上，多的是被埋没的天才、被误解的先知以及被怠慢的大师；当然，与之相伴的，是无数被拔高的领袖与被夸饰的英雄。如此尴尬局面，似乎更是常态。这让我想起鲁迅的一句俏皮话："伟大也要有人懂。"

1935 年，鲁迅为叶紫的短篇小说集《丰收》作序，称："《儒林外史》作者的手段何尝在罗贯中下，然而留学生漫天塞地以来，这部书就好像不永久，也不伟大了。伟大也要有人懂。"（《鲁迅全集》第六卷，220 页，人民文学出版社，1981 年）伟大的作品不为时人所接纳，一是因为社会生活变迁，一是因为批评框架转换。之所以突出"漫天塞地"的"留学生"不懂《儒林外史》，就因为后者喜欢套用西人的"文学概论"。而借助西人的文学眼光,可以欣赏《三国演义》或《水浒传》,但很难理解文人味很浓、更多体现中国文化特色的《儒林外史》。这里不讨论鲁迅对叶紫小说的评价是否过高,也不辨析《儒林外史》为何长期被冷落,单单重温鲁迅那句俏皮话,借以说明作品是否"伟大",某种程度上取决于时代风气、理论框架以及读者趣味。

世人之谈论"大师",严格意义上说,只是在表彰那些"被认可"的人物。知音难求,彩云易散,倘若你的学问得等五十年乃至两百年后才被发现与尊崇,那么,当下的你,听不到任何掌声,是非常寂寞的。学者与社会的互动,不是越密切越好;做大学问的,往往不太为当下的一般民众所理解。既能准确预见未来,又能拿捏好分寸,让自家功名得以在当世兑现,是一种本事。若做不到这一点,那就学章学诚,"未有不孤行其意,虽使同侪争之而不疑,举世非之而不顾"(《文史通义·答客问中》)。

当下中国,可以"寻找大师",但不该将其作为主攻方向。与其这样,还不如努力营造好的文化氛围,让一代学人的精神、气质及学问都得到比较充分的舒展与发挥。因为,你我生活的时代,到底是天才辈出,还是平庸得只能矮个子里拔高个，眼下说不清，只能留待后人评说。

2014年10月3日于香港中文大学客舍

（初刊2014年10月24日《文汇报·文汇学人》）

大学和传媒,彼此也该唱唱黑脸[1]

提醒:大学和传媒不能一团和气,应该彼此监督

当今的中国人,见了面总习惯说"拜托拜托,关键时刻拉兄弟一把",听起来像走江湖的。这种习气在大学和传媒之间或多或少也存在着。

一个典型的例证,就是这些年来时有高校校长论文抄袭的丑闻,这可是中国大学的耻辱,本应刨根究底,但最后都不了了之。现在的中国大学,尤其是名校,公关能力都很强,有时候媒体不看"僧面"也要看"佛面",想追也追不下去。我有些担心,某些中国人是否已经丧失了"自我清洁"的精神和能力?

---

[1] 此乃作者 2012 年 6 月 7 日在《人民日报》社"文化讲坛"专题演讲的摘要。

说实话，改革开放 30 多年来，在体制上高校改革不能令人满意。工厂企业在改，政府部门在改，相比之下，大学"安静"了许多。因此，为了推动改革进程，在大学的自我反省之外，媒体有责任代表公众监督大学。因为，大学是靠民众的税收支持的，尤其像北大、清华等名校，他们集万千宠爱于一身，如何花钱，是否有效率，更需严加监督。

之所以这么说，是形势很严峻。当年，蔡元培先生任北大校长，第一件事就是辞退在大学兼职的官员。在蔡先生看来，这群官员虽给学生将来的求职带来了便利，但专心治学的风气也会因为旁骛太多而败坏。如今，邀请官员兼职的潮流折射出中国大学的特点——不讲原则、缺少精神、没有尊严。对于这种价值取向及其可能产生的严重后果，媒体应有所洞察，发挥监察器和纠偏器的功用。

而大学对于媒体的监督，也是有例可循。以北大中文系为例，上世纪五六十年代，现代汉语课专门找《人民日报》的病句，而且，过一段时间就整理一份给报社送去。

当然，如今媒体的问题，不仅仅是出在遣词造句上，更严重的是新闻理念的扭曲。最近几年，我不时受到媒体"标题党"的困扰。不久前我发表了一篇题为《如何建立中国大学的独立与自信》的文章，结果经网络媒体"润色"

之后，题目变得有些"刀光剑影"了——《中国大学唯哈佛剑桥马首是瞻　误尽苍生》。

有些媒体还有一种心态，那便是刻意逢迎。须知新闻报道也是文章，也必须有自家立场。问题在于，目前不少媒体人只是把报道当作信息，还掺杂着媚上的情愫，不免让人有些遗憾。

既然如此，大学与传媒应该互相监督。

病因：因为缺失职业精神，很多人的"主业"冷冷清清，"副业"热火朝天

很多人都在探究，中国的大学和传媒，因何得病。对此，众说纷纭。我觉得，一个重要的原因是职业精神的缺失。

这二十多年来，我明显感觉到，记者的素养在下降。上世纪 80 年代的记者，采访时很认真，报道也像样，直接就可以入集。到了上世纪 90 年代，也还算是敬业。现在不行了，记者的采访稿，我一定要认真审核，改得花花绿绿的。很多时候，干脆将"采访"变成了"笔谈"，大家都轻松。去年遇到最离谱的事，我花了一晚上改记者的稿子，结果见报时还是原样，我的意见一个字也没有采纳。

一个良好的对话氛围，需要培育；记者和教授或者文化人之间，要有一个默契，彼此都守住职业的边界。但现实状态是，职业素养正在销蚀。当然，这并不只存在于传媒人或者教授的群体中，整个社会似乎陷入了一种错位。

不说"俗事"，就说"雅事"吧。最近这些天，媒体在炒作北大一位保安出书，校长还为其作序。报道说他凭自学进了北大中文系，那不对，我们没有这个制度；他念的是北大的成人教育学院。据说北大保安不到500人，每年有近20人考取学位。很多人都对这则新闻动容，认为这是北大的"雅事"。但细想一下，如果保安进北大，就是为了听课、学习，在值勤的时候老打瞌睡，是不是也有些欠妥？香港同人对此事的看法是：读书当然是好事，可你要读书，就请辞职。我身边的人则认为，人家保安读书不容易，服务不到位，情有可原，咱们就忍忍吧。

顺着这个思路走下去，当今中国，官员读博，学生打工，教授走穴，老板讲课，好像是"全面发展"，实际上每个人都"生活在别处"，没把自己的本职工作做好。

"职业精神"在中国社会的严重剥落，已经掣肘了大学的教育及学术水准。我接触到的外国学者，普遍比中国教授敬业。日本京都大学的一位教授，教了二十多年的"初级汉语"，从没有因公事或私事停过一次课。我请他来中国开会或讲学，都是来去匆忙，讲完就走。我们劝他，不是什么大不了的课，何必如此折腾。他说，老师需要维护自己的尊严，做学生的榜样。

不管是教授还是记者，或者是社会上其他人群，都需要维护自己职业的尊严，并建立职业精神。你可以有职业之外更高的追求，但不应该因此而"不敬业"。我们所有的"对话"，都应在坚持主业的前提下进行。我担忧的是，今日中国，无论时间安排还是工作报酬，很多人都是"主业"冷冷清清，"副业"热火朝天。

求解：无论大学还是媒体，都应该多些理想主义

"五四"新文化运动时期，钱玄同先生有一句十分愤激的话：40岁以上的人都该枪毙。为什么？因为人到中年，容易趋于保守，而且懒惰、自私，阻碍社会进步。但是，我很伤心地发现，现在的不少年轻人，比年长的还保守、还世故。有的学生竟说："老师，你太天真了。"反而是不少七八十岁的人，很激动、很愤怒、很有反抗精神。

这是多么畸形的社会现象，七八十岁的人扛起理想主义的旗帜，五六十岁的人还在坚持奋斗，年轻人却成天宣扬"别太天真"。曾经有人向我抱怨，北大学生不懂人情世故。而我恰好认为，不太世故，正是北大学生可爱，或者说值得骄傲之处。如果北大学生一个个还没毕业就都像小官僚，这社会还有希望吗？

当然，一个巴掌拍不响，大学的这种价值取向，有着深厚的群众基础。中国人选择上大学，很大一部分原因是为了谋份职业。他们对于专业好坏的判断标准，就是毕业后的薪酬。所以，中国大学里凭个人兴趣读书的不太多。在欧美发达国家，求学和求职是两回事，求学更多讲求个人兴趣，大学读什么专业，和将来要从事的工作并不是一一对应的关系。说得不好听，今天很多中国大学的自我定位，近乎职业培训学校。这也就难怪，"象牙塔"变得如此躁动不安。

当然，这个社会的许多不良倾向，并不是凭一人之力、一己之言就可以解决的。但是作为大学或传媒、教授或记者，起码我们应该多一点理想主义，多几分人文情怀。

（初刊 2012 年 6 月 11 日《人民日报》，刊出时改题为《北京大学中文系主任陈平原做客"文化讲坛"，阐述大学和传媒的关系：不能模糊了职业边界》）

一个文学教授眼中的中国传媒

近期,因《"新文化"的崛起与流播》(北京大学出版社,2015年4月)出版,我接受了若干媒体的采访,发现一个有趣的问题——记者们普遍关注我十多年前的一段话:"20世纪的中国,其社会生活与文化形态之所以迥异于前,报章乃至广播、电视等大众传媒的迅速崛起,无疑是重要因素。从1872年发行不足千份的《申报》,到今日几乎无远弗届的卫星电视,大众传媒的勇猛扩张,让我们切实感受到什么叫'生活在大众传媒的时代'。……大众传媒在建构'国民意识'、制造'时尚'与'潮流'的同时,也在创造'现代文学'。"(《文学史家的报刊研究——以北大诸君的思路为例》,2002年1月9日《中华读书报》)十多年过去了,随着时间的推移,说现代人的生活方式、情感体验乃至思维与表达能力等，与大众传媒有千丝万缕的联系；或者说在文学创作中，报章等大众传媒不仅仅是工具，而是已深深嵌入写作者的思维与表达，已经属于"常识"了。

其实，关于这个话题，我有过更为专业的论述，也不乏有的放矢的专题演讲，如三年前在《人民日报》社"文化论坛"上谈论"大学与传媒"。那次演讲的效果很好，可惜只刊出了两千多字的摘要（《北京大学中文系主任陈平原做客"文化讲坛"，阐述大学和传媒的关系：不能模糊了职业边界》，2012年6月11日《人民日报》）。这些天，因被记者追问，翻出了当初的讲稿，发现"开场白"提及的问题，仍为自己现时所关注："生活在当下，如何既适应铺天盖地的现代传媒，同时又保持自己的独立性？从政的、经商的、娱乐的、体育的，各有各的高招。作为大学教授，我该如何洞幽烛微，趋利避害？今天演讲的宗旨，也可解读为'一个文学教授眼中的中国传媒'。"

既然话题还没有过时，困惑依旧存在，不妨将讲稿略为修整，删去已刊部分，奉献给广大读者。

一、报人与学人

我在不同场合抱怨过，如今从事教育或传媒的——照传统的说法，叫"学人"与"报人"——学问及见识大有长进，但理想性却远不及清末及民国那两三代人。梁启超曾指认报章、学堂及演说为"传播文明三利器"，可想而知，在他心目中，这学堂的教师以及报馆的记者，责任格外重大。1953年1月7日在台北市"记者之家"，胡适发表过题为《报业的真精神》的专题演讲，讲述自己一辈子与报刊打交道，如何"采取锲而不舍的精神，用公平态度去批评社会、教育、文化、政治"，下面这段话，值得与诸位共享："我们应该相信，我们这一行业——报业，确是无冕帝王，我们是有力量的，我们的笔是有力量的。只要我们对这一行业有信心，只要我们的主张是站得住的，有材料、有证据、不为私、是为公，以公平的态度锲而不舍地努力下去，'功不唐捐'，努力是不会白费的。"（1953年1月8日《中央日报》）很可惜，今日中国的媒体人，仍然如此乐观向上、坚信"我们的笔是有力量的"，似乎越来越少了。在很多人看来，这就是一种职业，谋生而已。教授呢？教授也好不到哪里去。君不见，网络上到处都是关于大学教授的冷笑话。有的实有其事，更多的则是捕风捉影,反正骂得很痛快,传得也很开心。俗话说:"林子大了,什么鸟儿都有。"教授也如此,再大的丑闻,你我都见怪不怪了。不过,这毕竟是极端的例子,更普遍的状态是,教授们忙着上课、写论文、做课题,无心且无暇"铁肩担道义"了。

我理解今天中国大学及传媒的辉煌、困境与局限性,这里暂不苛求。既然家家都有一本难念的经,那就不妨反躬自省:教授们在与大众传媒合作时,能否相互劝勉,艰难前行?无论学人还是报人,既让老百姓拍手叫好,又不追随流俗,这说说容易,真做起来,可难着呢。十几年前,我曾撰《大众传媒与现代学术》(《社会科学论坛》2002年5期),其中讲到:"人文学者之于大众传媒,难处不在'拒绝'或'同化',而在介入但保持自家特色,兼及批判的眼光与建设的立场,不只是追求'合作愉快',更希望对传媒的健康发展有所贡献,或借助传媒实现自家的学术理想。"作为一名无权无势的大学教授,不仅借传媒发声,还希望在合作中改造传媒,这是不是太狂妄了?

二、谁来监督传媒

一说"报人",马上联想到的词是"舆论监督"。《辞海》称："舆论监督是新闻媒体拥有运用舆论的独特力量，帮助公众了解政府事务、社会事务和一切涉及公共利益的事务，并促使其沿着法制和社会生活公共准则的方向运作的一种社会行为的权利。"这释义很好，不过，我想追问的是，谁来"监督"那执掌着"舆论监督"大权的新闻媒体？

就像所有机构一样，传媒既然由人掌控，也就必然有善恶高下雅俗之分，谁能保证其永远公正、透明、有所作为？监督"监督者"，防止其公器私用，利益输送，这可不是一件简单的事。若敲诈勒索，那属于违法行为，由检察院及法院来处罚；若诲淫诲盗，则有中宣部及国家新闻出版广电总局监管。至于普通民众——包括大学教授，有无权利及义务，认真观察、批评乃至影响大众传媒的运作？我的答复是：有，但很难。小小的违规（如拿车马费发通稿），既然已成行业通例，你说还是不说？还有，人家屈从领导的意志，不敢直面惨淡的人生，回避尖锐的社会矛盾，无力表达内心的真实感受，你怎么办？若出面指摘，得到的答复很可能是：回去照照镜子，你们教授也好不到哪里去！

报人与学人，本该代表社会良知，互相支持，但又互相监督。将近一百年前，蔡元培校长邀请陈独秀北上，直接促成了《新青年》与北大教授的精彩合作。1930年代，北平的教授们还能自行集资，创办政论杂志，依靠读书人的良知与学养，"用负责任的态度说负责任的话"。那时南北各大报，开设各种专栏，请名教授来主编；而正是这些"长袖善舞"的客卿，保证了报纸上专栏文章的质量。50年代以后，分工日渐明确，报人是报人，学人是学人，二者难得携手前行。就像我今天谈的，是"一个文学教授如何与媒体合作"，而不是独立创办一份报纸。

作为个体的教授，你理会不理会、介入不介入大众传媒，可谓"悉听尊便"。可作为整体的大学，却万万不敢怠慢，更不要说得罪媒体了——尤其是《人民日报》这样的权威媒体。名大学与大媒体，其实都很强势，也都有自己的利益诉求。我关心的是，不知不觉中，二者会不会基于自身利益考量，只讲"互相帮忙"，缺少必要的"互相监督"？

我曾设想，假如发现很不好的事牵涉到北大、清华，像《人民日报》这样的权威媒体，你们怎么办？会不会出于各种原因——比如北大、清华都有很强的公关能力，或考虑到双方的长期合作——而压了下来？小报无所忌惮，正巴不得你出事呢，自然不会放过；大报呢？会不会因思虑过多而放弃自己的责任？记得上世纪五六十年代，北大中文系讲现代汉语课，专门挑《人民日报》的刺。不是不尊重，而是因为你地位显赫，更得有历史承担。现在呢，名校与大报互相掩护，不让对方太难堪。

但也有不识相的，比如网络上公开或匿名的批评，以及像我这样书生气十足的作者。几年前，我曾撰文批评《人民日报》编辑乱改我的稿子，文中称："为了发表而自己抽去骨头，还是为了保存骨头而舍去在大报露面的机会，对于当下的中国人来说，俨然也是个问题。"此文刊出后，境外媒体称我"炮轰《人民日报》"；而读者附言，有说我不识抬举的，也有说"陈平原此举一出，北京大学中文系主任估计要当不成了"；更有人断言此君将被《人民日报》封杀。好在所有这些猜测，最后都落了空。

其实，我写文章，对事不对人，怎么一批评就成了"炮轰"了呢？再说，删改之处，不少属于表达方式，而不是"敏感词"。事后想想，第一，大家习惯于"舆论监督"，而不习惯于监督"舆论"（媒体）；第二，《人民日报》地位尊贵，一般人不敢太岁头上动土。可这不是理想状态呀。若媒体屈从于市场诱惑，或审查文稿时尺度过严，作者是可以表达不同意见，甚至提出抗议的。

前些年编辑删稿子，一般会表示歉意；近年则习以为常了，连文字带题目，想改就改，全然不顾及作者的立场与感受。有感于此,我给不太熟悉的报刊寄稿时,总会叮嘱一句:能发则发,不发退稿,请不要删改。可人家的回答也很有力——这是公共媒体,不是个人文集,我们要对读者负责。

这里牵涉两个不同层面的话题:一是学者在媒体上发言应掌握的尺度,二是报章之文与文集之文的差异到底有多大。

三、关于"报章文体"

读中国近现代新闻史或文学史的,都会记得严复与梁启超关于报章文体的争辩。梁启超批评严译《原富》"文笔太务渊雅,刻意模仿先秦文体,非多读古书之人,一翻殆难索解";严复则反唇相讥:"若徒为近俗之词,以取便市井乡僻之学,此于文界,乃所谓陵迟,非革命也。"两种文章立场,各有各的追随者。但经由晚清及"五四"新文化人的不懈努力,白话文运动取得了决定性胜利。梁启超那些明白晓畅的报章之文,在后来者看来,不仅"觉世",还能"传世"呢。

时至今日,好的报纸文章可结集出版,流芳后世,甚至进入文学史,这已经不是什么新鲜事了。有趣的是,过去学富五车、自命清高的"读书人",即便嘴上不说,心里也都不大看得起"报章之文"——因为它太通俗;可如今,面对网络上铺天盖地的随意书写,"报章之文"又似乎变得高雅起来了。我这里不谈大报与小报之分,因大报不一定大气,小报也不一定小气;而且,在长期的激烈竞争中,二者互相渗透。只要办报,必定涉及一对概念:"道义"与"文章"。暂时不说如何"铁肩担道义",就说这"妙手著文章"吧——除了"政治正确","报章之文"起码还得有吸引读者的本事。我曾感叹今天的新闻界文体意识薄弱:"新闻报道本身,也是一种重要的文体。我们现在的新闻从业人员,包括报纸杂志、广播电视等,大都缺乏文体方面的训练。你在报刊上读一篇文章,不用看署名,马上就知道是谁写的,这样的例子太少了。"(《学者与传媒》,《上海文化》2005年1期)缺乏文体感,导致现在报刊上的文章(社论、通讯、专访、随笔),不说千篇一律,起码也是面目比较模糊。

过去时代的读书人,常津津乐道于书籍与报纸的差异;眼下这一差异,似乎转移到了纸媒与电子媒体之间。记得马歇尔·麦克卢汉在《理解媒介》中称:"书籍是一种个人的自白形式,它给人以'观点'。报纸是一种群体自白形式,它提供群体参与的机会。"可要说众声喧哗、不拘一格、多重性、碎片化,以及允许群体参与、深度介入等,报纸远远比不上网络。但我们谈论印刷文化与电子文化的差异,如前者独白,后者合唱;前者文字型,后者图像型;前者自我表现,后者群体治疗;前者精心创作,后者即兴创作……这个时候,报纸已悄然站到了"印刷文化"一边,俨然变得严肃与高雅起来。而这正是我想说的——面对传播媒介的巨大变革,报纸该如何自处?我的想法是,既然信息量、多样性、反应速度等都赶不上电子媒体,纸媒就应该转向专题化、深度分析,凸显价值判断与文章趣味。

若此说成立,则今天犹如晚清,"报章文体"的改良——包括选择恰当的目标读者、论述角度以及修辞方式等,将是一件特别值得期待与努力的大事。

四、如何采访学者

说到报章文体,不能不涉及记者的职业道德与专业水准。别的不提,就说报人与学人之间的交流与对话吧。我知道我们的困境,那就是,与传媒打交道时,分寸不太好拿捏,很难做到不卑不亢,有理有利有节;反过来,记者面对教授时,又该如何施展自家才华呢?读报上各种专访,总体感觉是：谈时政，施展的空间有限；谈文化，又容易失之空泛；还是财经记者及体育记者专业性强，且受到的干扰较少。

大概是职业敏感，一听记者提问，我很容易分辨传媒学院与中文系（文学院）的毕业生。前者读书不多，事先功课也没有做好，但提问时很有技巧，一看就是"训练有素"；只是容易模式化，且过度自信（或假装很自信）。后者态度比较谦恭，不大会提问，可愿意倾听，很少随便打断你的陈述。当然，这与我自己的专业背景有关。不过，有一点我很坚持，那就是采访不仅仅是一种"技术活"，采访者必须有较为开阔的学术视野，以及比较深厚的人文关怀。

以我的经验，好的提问，是成功的一半。好记者自有主张，而又能随机应变，这样的现场问答，比起笔谈来，更容易迸发出思想火花。可惜这样的机缘越来越少。你问我，对于年轻记者，有什么建议，假设采访的是像我这样比较挑剔的教授，那么，我的建议如下——

第一，请明确工作目标。只有撰写政府工作报告，才需要面面俱到。作为个体的教授，每次发言，都只能是"攻其一点，不及其余"。最怕不着边际的提问——有的东拉西扯，有的无的放矢，有的你早在别的地方说烂了，有的简直是侮辱你的智商。好的采访者，三言两语，就能让对方明白，你是做了功课的，不能随便打发；而后，双方配合默契，步步紧逼，丝丝入扣。碰到这样的记者，受访者很累，但容易有超水平的发挥。否则，如温吞水，说了等于没说。

第二，请让对方把话说完。媒体自有立场，这我完全可以理解；但既然是采访，就得学会倾听，准确把握受访者的主旨。特别忌讳不断插嘴，把人家的思路打乱。老是被岔开去，很快就会兴味索然。即便听到不合时宜的言论，或认为对方已经离题万里了，你最好还是耐心听下去，说不定会发现某些有趣的线索。让人家把话说完，至于写不写、发不发，那是你的事情。特别怕那些受过科班训练的，老想引导你"走正路"，不愿你溢出原先设定的轨道。如此讲究效率、没有半句闲话的采访，实在煞风景。

第三，请关注对方的学科背景。同样是专家，人文学者不同于水利工程师，更不同于商学院教授，这点你必须明白。每个专业的学者，因长期的学科训练，会有一些特殊的癖好与禁忌。比如，你采访商学院教授时，交流一下最近股市行情，有利于拉近双方的距离；可跟一个诗人或人文学者大谈金钱，不管是夸耀还是诉苦，都让人讨厌。

第四，请尊重对方的立场。记得毛泽东说过，屁股决定脑袋，这话我信。比如，我是一个教授，不可能站在国务院总理的立场来思考问题。比起学无根基但见多识广的记者来，教授们一般比较固执己见，不愿意随风转舵。对此，你可以不认同，但你必须给予充分的尊重——否则你就不要采访。不要以你的小聪明，去揣度、评判甚至讥笑对方的"迂腐"。或许，正是那种迥异常人的思考与表达，成就了学者的功业。

五、怎样面对摄像机

我曾经设想，没有传媒的日子，我们该如何进行对话与交流——诗酒唱和、鸿雁传书、道听途说？那样很亲切，但传播效果有限。不得不承认，大众传媒改变了这个世界，也改变了你我的阅读与思考。作为个体，我借助传媒了解外部世界，若有可能，还想借此呈现自我或影响社会。可是，传媒并不透明，借用麦克卢汉的说法，"媒介即是信息"。阅读传媒所提供的各种信息，必须将此媒体的特性考虑在内——这里包括报纸、杂志、广播、电视、网络之间的差异，也包括不同媒体的政治立场与文化趣味。

举个例子，中央电视台有"面对面"的专题采访，很有名。可这是摄影机下的"面对面",不管你如何久经沙场,也不可能对那耀眼的灯光以及环绕的机器视而不见。你应该明白,真正的对话者,不是手持话筒、坐在你对面的那个人,而是电视机前拿着遥控器的亿万观众。这个时候,不知不觉的,你的一言一行,都带有表演意味。

如果真想"面对面"地对话与交流,最好是关掉摄像机和录音机,那样,才有可能"打开天窗说亮话"。某种意义上,大众传媒的功能,犹如语言隔阂时的译者——将大众潜在的立场、趣味及诉求,"翻译"成采访语言;另一方面,选择合适的对话者,挖掘出领导或大众所需要的"金玉良言"。在这个过程中,译者是有特权的——有的直译,有的删节,有的允许发挥,有的假装没听见,全在译者的一念之间。

我的感慨是,自从有了大众传媒——尤其是电视采访,很多人变得不会说话了。要不夸饰,要不谄媚,要不陈词滥调,要不言不由衷。面对摄像机,发言者往往置现场听众于不顾,径直向场外的某些特定的"读者/听众"呼喊。因为,他们明白,能在众多拍摄素材中脱颖而出的,必定是符合现实政策需求的。现场效果好的,不见得播出;反而是那些不痛不痒的套话,最容易获得青睐。看电视上的现场采访,有时真的很伤心——怎么尽说空话,而且还铿锵有力？开始骂被访者，后来骂电视台编导，再后来，眼看着连大学教授也都戴着面具说话，我终于明白，大家都有难处。

其实，我的要求并不高，那就是努力做到领导在场不在场、记者录音不录音、摄像机开不开，说话一个样。只要你说话有精气神儿，且基本不走形，那样就好。至于答问技巧云云，可以统统不管。我不喜欢那些不把现场听众放在眼里，还没开口，心思早已飞到了窗外，总挂念着领导好恶或媒体趣味的。常听到这样的表扬：某某教授很不错，他说真话。我很纳闷儿，这不是很正常的吗？难道接受采访，说话就一定得夸张变形或刻意隐瞒自己的观点？作为学者，我可以接受采访，但拒绝任何"善意的引导"，尽可能真实、完整地表达自己的思考。至于是否适合刊登或播出，自有报社主编及电视台领导把关，不在我考虑之列。

我当然明白，所谓忽略摄像机的存在，那是有限度的；说到底，镜头选择及剪辑过程，不是受访者所能控制的。报纸的专访相对好些，你可以要求发表前审读一遍。但即便如此，无论报纸还是电视，都有自家立场——而且写在面子上，所以接受采访时，要特别警惕为了发表或播出而刻意迎合。如果连大学教授面对媒体时都不敢畅所欲言，那是很可悲的。在我看来，当下中国读书人接受采访时之所以"不太会说话"，主要不是语言表达能力，而是思想修养、社会风气以及政治氛围造成的。

2015年5月30日修订于京西圆明园花园

（初刊《同舟共进》2015年第7期）

报章与潮流[1]

各位朋友，麻烦大家周末来这里听演讲，实在不好意思。此次活动，专题是"触摸历史，重返现场：作为物质文化的中国现代文学"，主要围绕我的新书《"新文化"的崛起和流播》来展开。作为职业读书／写书人，最怕碰到这样的提问：你最好的著作是哪一本？有人喜欢自吹自擂，说最好的就是刚出的这一本，言下之意，赶紧掏钱买书吧；有人志存高远，说最好的还没出来，估计是下一本，让大家翘首以待。我老实交代，这只是我刚刚刊行的新书，说不上"最好"，也不能保证日后会"步步高"。为了感谢诸

---

[1] 此乃作者 2015 年 6 月 14 日下午在北京言几又书店举行的凤凰网读书会上的专题演讲。

位的捧场，我先介绍一下出版机缘及本书特色，然后延伸出去，着重谈几个大家可能感兴趣的话题。

先说为什么要出这本书。最初，纯属追怀自家的情感与梦想。三十年前，我跨长江、过黄河，来到北京求学。从一个踌躇满志的外省青年，逐渐成长为北京大学的博士、教授，我走过了颇为艰辛的道路。三十年后回首，想想当初进京那一刻的"壮怀激烈"，感慨良多，觉得有必要出本小书，留下点印记。那是去年夏天的事了。如何将未入集的零散文章编辑成书？最好是有一条主线。考虑到今年是《新青年》创刊100周年，于是决定以报刊出版为中心，讨论现代中国文学及文化。一开始看重的是私人情感，后来逐渐转移为公共立场，因而，也就越说越认真了。可我自始至终都很清醒，这只是一本专题性质的论文集，没什么了不起的。集中有几篇不错的文章，但全书是组装的，质量不均匀。只能期待熟悉我研究思路的读者，将此书与我的已刊各书参照阅读。

好，关于这本新书，就说到这儿。接下来，我准备谈以下五个话题："三利器"如何互动、触摸历史的可能性、怎么使用报章资料、书籍与报章的关系、人文学者该怎样"瞻前顾后"。

1899年梁启超在《清议报》上连载《饮冰室自由

书》，其中有一则，日后收入专书时加了个题目，叫《传播文明三利器》。这篇短文很重要，我在著作及随笔中提到好几次。此前日本政治家犬养毅传授经验，称日本明治维新之所以成功，得益于三种最有力的武器，那就是学堂、报章、演说。梁启超心有灵犀一点通，马上做了发挥：因中国人识字率不高，因此，"演说"更值得认真经营。100多年后回首，你会发现，梁启超很有远见，判断很准确。学堂、报章、演说，至今依然是推动整个现代中国思想文化建设的重要力量。关于"声音"与现代中国政治、思想、文化的关系，我有专门论述，有兴趣的朋友不妨参阅，此处不展开。这里想说的是，中外学者中，关注学堂的大有人在，研究报章的也不少，但像我这样同时兼顾报章、学堂和演说的，可就很少很少了。我不只单独研究学堂、报章、演说，更关注这三者之间的互动。如学堂与报章之间曾经的携手并肩或互相拆台，演说如何成为学堂的基本训练以及影响社会的重要手段，刊载于报章或独立成书的演说又怎样改造了中国的文章体式等。所有这些话题，都既是历史，也是现实，至今仍值得认真思考。

我注意到，媒体上关于这本新书的介绍，大都会引述我《文学史家的报刊研究》中的这么一段话："大众传媒在建构'国民意识'、制造'时尚'与'潮流'的同时，也在创造'现代文学'。一个简单的事实是，'现代文学'之不同于'古典文学'，除了众所周知的思想意识、审美趣味、语言工具等，还与其生产过程以及发表形式密切相关。换句话说，在文学创作中，报章等大众传媒不仅仅是工具，而是已深深嵌入写作者的思维与表达。在这个意义上，理解大众传媒，不仅仅是新闻史家或媒体工作者的责任，更吸引了无数思想史家、文化史家以及文学史家的目光。"可书中还有一篇《文学史视野中的"报刊研究"》，则没有引起广泛的关注。这不奇怪，那是专业论文，谈的是利用报刊进行史学或文学研究的优势与陷阱。不做专业研究的，没必要纠缠于此。

我先说说利用报章进行史学研究的趣味。因为，现代中国文学、思想、学术的生产与传播，与传统中国大不一样。其中一个重要特点，就是绝大部分作品，都是先在报章发表，而后才收入文集。报章作为一种重要媒介，其自身的特点与趣味，自觉不自觉地参与到这个文学、思想、学术的生产过程中。这确实是一个管道，但并不透明，也并非无菌。这点，我在不同的著作中多有论述。这里想举例说明的是，报章对于日常生活的详细记载，为后世史家复原历史现场，提供了大量鲜活且生动的细节。十六年前，也就是1999年初，我和夏晓虹做了一本书，题为《触摸历史：五四人物与现代中国》（广州出版社，1999年；北京大学出版社，2009年），参加者是我当年指导的研究生，包括今天在座的杨早。写作过程中，除了阅读各家著作及查阅档案，还有两个重要手段，一是报刊钩稽，一是田野考察。

记得是1999年2月的某一天，我带着学生，在老北大的红楼前集合，沿着当年北大学生的游行路线，重走一遍"五四"路。事先做了认真规划，提供给大家基本材料，沿途讲解，走走停停，可到了天安门广场，被警察拦住了。因我没想到，那正是两会前夕，安保很严格，广场上不让停留。更何况，我们还带着摄像机——跟着我们走的是北京电视台的记者，说好不影响我们的，只是默默地跟拍。跟警察解释了好一阵子，明白我们是在做"教学考察"，不是政治抗议，才手一挥："赶紧走！"转入东交民巷后，没人干涉，于是继续上课。一直走到赵家楼，考察过周边环境，倾听完老住户的抱怨，这才鸣金收兵。总共走了六七个小时，学生们印象极深，电视台也很开心。这个专题片，北京电视台在那年的"五四"前后播出，据说反应很好。很可惜，几年前我再去找，说是人员变动，加上档案管理不佳，再也找不到了。

1919年5月4日北京学生在天安门集会及抗争的大致经过，作为专业研究者，我们都很熟悉。可实际上，只有骨架而无血肉，很难活灵活现。这里需要大量的细节。细节不仅仅是填充，还会纠偏、修正、提升。我给《触摸历史：五四人物与现代中国》撰写的长篇导言，考证"五月四日那一天"的各种细节，便是明显的例证。这篇题为《触摸历史与进入"五四"》的长文，日后发展成为我的一本重要专著。从哪里获得这么多丰富生动的细节？除档案及回忆录，主要得益于各种旧报刊。因翻阅大量旧报刊而获取氛围与细节，我用一个词来形容，叫"触摸历史"。"触摸"这个词早就有了，但主张"触摸历史"，强调理性分析之外的感性把握，却是我努力的方向，且略有收获。

谈论万众瞩目的"五四运动"，很容易流于提倡或纪念，弄不好就成了空洞的口号。必须有很多真实的生活细节，这历史事件才会变得丰满且可信。谈论李白与杜甫的生活，我们主要靠考证生平及分析诗歌意象来实现；报纸杂志出现后，为后世读者回到历史现场留下了很多琐碎但有用的资料。今天做历史研究，谈论现代中国和古代中国，趣味及方法明显不一样，关键就在这个地方——前者可以借助大众传媒的阅读与阐释，来精细地描述中国人的日常经验与精神生活。

　　谈及报章提供的细节对于历史研究的意义，我曾用三个词来描述：第一温度，第二密度，第三厚度。最近二十年，学者（尤其是做博士论文及硕士论文的研究生）从大众传媒入手，研究现代中国的思想及文学的，越来越多，其面临的困境及陷阱，我在《文学史视野中的"报刊研究"》中有详细的分析，有兴趣的可参阅。其中有一点很重要，即报章无法独立完成自我阐释。也就是说，除非你只是将报章作为资料库使用，否则，任何深入论述，都必须有超越报章立场的大视野。阅读旧报刊，一开始很兴奋，满眼都是有趣的细节与开放的线索。你再往下走，不断岔开去，很容易迷失在资料的海洋，不知道往哪儿走好。这个时候，我会提醒学生，进入报刊前，你必须有自己的方向感，并建立某种坐标系。而对于文学研究者来说，这个方向感与坐标系，就是你事先阅读作家文集及档案资料形成的立场与感觉。有了这个大视野、基本立场与艺术感觉，再进入那漫无边际的资料海洋，才不至于被淹死，才可能左右逢源，找到你想要的东西，或订正原先的某种错觉。还有一点，因旧报刊的数据库越来越多，检索也越来越方便，若没有主心骨，靠检索、剪贴、排列，出不了好文章的。某种意义上，形成大的感觉与思路，还是靠阅读作家或思想家文集,报纸杂志只能作为一种辅助手段,用来校正、修补、丰满我们的论述。

当梁启超论述"传播文明三利器"时,他所说的"报章",不仅仅是指报纸与杂志,还包括出版。换成今天的说法,就应该是"大众传媒"。好几年前,我在北大有一个讲座,题目就是《作为物质文化的中国现代文学》。那里所说的影响文学进程的"物质文化",我特别强调书籍作为一种载体,对于现代中国文学的意义。谈论书籍的生产与流通,晚清以降迅速崛起的各种大小书局,毫无疑问起了决定性作用。这也是研究现代中国文学的专家,会将目光集中于此的缘故。与唐宋已有的雕版印刷不同,晚清引进的石印术,直接促成了画报的诞生,也间接推进了古籍的整理与重刊。关于画报,我在东方出版社去年刊行的《图像晚清——〈点石斋画报〉》《图像晚清——〈点石斋画报〉之外》,以及此前香港三联书店出版的《左图右史与西学东渐》,有专门的论述,这里从略。不过,我想强调一点,学中文出身的人,一般习惯于通过"解字"来"说文",也就是说,关注文字的多,关注图像的少。眼看图像传播知识影响社会的力量越来越强,我们不能视而不见。而"读图"本身是一门学问,需要某种眼光,也需要某种方法,并不是每个人都能手到擒来的。此外,关于书籍的制作与流通，包括印刷技术的改进、封面装帧风格的演变、书籍价格的涨跌等，都值得关注。《"新文化"的崛起与流播》中，有三篇文章值得推荐，一是谈"百科全书"，二是谈"新文学大系"，三是谈"全集"该如何编撰。表面上属于出版形式问题，但涉及很丰富的历史及文化内涵。或许是文学史家的敏感，促使我对"有意味的形式"很感兴趣，坚信很多形式问题背后，蕴含着一个时代的技术水平与审美趣味，甚至某种意识形态内涵。

回到刚才谈及的大众传媒"在建构'国民意识'、制造'时尚'与'潮流'的同时，也在创造'现代文学'"。这里说说"潮流"的局限性。我曾经说过，一代人有一代人的困惑。而生活在当下中国，科技日新月异，潮流风起云涌，最大的困惑便是，很容易被判定OUT。刚刚流行某种概念、思想、装置、服饰，你正努力追赶呢，前方传来指示，这"新潮"已经过时了。伴随着大众传媒的无远弗届，所有人的生活经验与表达方式，似乎都有一个固定模板，都在往一个地方靠，恨不得"从里到外"都整成一个"标准人"。这可不是理想的生存状态。国人的普遍趋新，害怕落伍，崇拜名人及名牌，盲目追赶潮流，其实是自家教养不足、缺乏定力的表现。有些东西你懂，有些东西你不懂，或根本不感兴趣；既然不懂或不感兴趣，那就不理它就是了。不管是日常生活还是学术研究，应该都持这个态度。可我明显感觉到，在大众传媒制造的关于时尚（生活、思想、表达方式）的狂风骤雨中，还能昂首天外、我行我素的，越来越稀少了。一旦连读书人也都放弃了"自作主张"，这世界会变得越来越不可爱的——即便披上五彩斑斓的时装。

最后谈谈作为一个人文学者，我如何处理与大众传媒的关系。如果用一个词来概括，那就是既"瞻前"也"顾后"。在很多人眼中，"瞻前顾后"是一个不好的词，表示做事犹豫不决。可在我看来，这是学者的职业特征决定的："瞻前"让我们知道历史大概往哪个方向走，什么力量、事件及文体代表着未来，因而对这些"新生事物"表示宽容、理解与体贴；"顾后"则是因长期的学术训练以及由此形成的历史感，对即将逝去的"传统"充满温情与敬意。再往下说，那就是因明白新生事物的潜力、陷阱和可能性，在努力追踪的同时，用历史经验来加以警示与校正。这一立场与趣味，导致我不可能成为一个扛一杆大旗、不顾一切往前冲的革命家，而只能做一个认真细致的观察者或批评家。革命家的性格，一般都是只瞻前，不顾后；而历史学家又往往只顾后，不太瞻前。

若能成为一个敏锐的时代观察者，既瞻前，也顾后，谈不上引领风骚，但起码与时代同行，必要时帮助敲敲边鼓，那也是好的。

2015年7月9日修订于京西圆明园花园

（初刊2015年8月3日《人民政协报》）

我为什么跨界谈建筑

——从"老房子"说到"新文化"[1]

八年前,《建筑与文化》杂志社组织大学建筑专号,我应邀撰写了《老房子:大学精神的见证人与守护者》(《建筑与文化》2007年5期),其中提及:"大学校园的历史感以及文化氛围,一如石阶上的青苔,必须一点点长出来,而不可能一蹴而就。在这方面,老建筑起了至关重要的作用。老学生对于大学的记忆,一半是给自己传道授业解惑的著名学者,另一半则是曾经留下了青春印记的校园建筑。……在这个意义上,建筑的风华绝代,与学问的博大精深,二者是相辅相成的。"之所以越俎代庖,谈论非我

---

[1] 此乃作者2015年9月28日在北京大学召开的"建筑与景观的'白话说'茶座"上的主旨发言。

所长的建筑，主要缘于对都市研究的兴趣。从2000年在北大开设"北京文化研究"专题课起，十五年间，我指导过十篇以北京为研究对象的博士论文，组织过四场"都市想象与文化记忆"的国际会议，还在北京大学出版社主持都市研究丛书。很遗憾，所有这一切，都以文史为主，极少牵涉建筑。

十年前，在《想象北京城的前世与今生》（《北京师范大学学报》2005年4期）中，我谈及："同一座城市，有好几种面貌：有用刀剑刻出来的，那是政治的城市；有用石头垒起来的，那是建筑的城市；有用金钱堆起来的，那是经济的城市；还有用文字描出来的，那是文学的城市。我关注这几种不同类型的北京，但兴趣点明显倾向于最后一种。"这里牵涉专业背景，但也与我的隐忧有关：在城市改造中失落的，不仅仅是古老的建筑，还包括对于这座城市的历史记忆。也正因此，谈及当下中国城市，我常念叨那些正迅速消失的"老房子"，以及对于"老房子"的记忆与陈述。

四年前，应《人民日报》之邀，我撰文谈"历史文化名城"的保护，以下这段话，因不太和谐被删去了："千百年留下来的东西，大有深意，但都很脆弱，必须小心呵护，哪经得起你用推土机加金融资本的'辣手摧花'。在目前这个体制下，我不怕领导没有雄心，也不怕群众没有欲望，我怕的是政绩优先的制度，迅速致富的心态，这上下结合的两股力量，使得众多'古城'日新月异，在'重现辉煌'的口号下，逐渐丧失其'历史文化'价值。"（参见陈平原《"保护"才是"硬道理"——关于建设"历史文化名城"的思路》，《同舟共进》2011年3期）。我没说"历史文化名城"就是"老房子"，只不过，"新房子"有一言九鼎的领导与腰缠万贯的开发商保驾护航，不愁不势如破竹；反过来，"老房子"势单力薄，如风烛残年，且没能为代言人提供什么回报，这才需要有人文学者站出来为其呐喊。

并非城市规划或建筑学方面的专家，我的话自然是"说了等于白说"。明知没有力量，为何还喋喋不休？如此特立独行，无视学科边界，知其不可而为之，某种意义上，这正是"五四"新文化人的精神传统。近年不断有专家站出来，指责"五四"新文化人读书不够多，对外国学问理解不透彻，对中国历史论述不准确，理论阐发更是不全面、不系统、不深刻。这些说法都有一定的道理，但请别忘了，那是一个大转折的时代，屹立潮头的，是一批学识渊博、兴趣广泛、勇于挑战成规的人物，而且，他们主要是借大众传媒发言。

这就说到我对"五四"新文化运动的研究。不说专业著作《老北大的故事》（南京：江苏文艺出版社，1998年；北京大学出版社，2009年）、《触摸历史与进入五四》（北京大学出版社，2005年）、《"新文化"的崛起与流播》（北京大学出版社，2015年），这里只引前些天接受《凤凰周刊》的专访。当被问及《新青年》是如何独领风骚的时候，我的回答是——《新青年》之所以能在众多杂志中脱颖而出，关键在于和北京大学结盟。《新青年》影响最大的时期，是中间的第三卷到第七卷，那时候，绝大部分稿件出自北大师生之手。最开始的两卷虽也有一定影响，但它之所以能风靡全国知识界，很大程度上是与北大的结盟。在结盟前，其作者群主要是陈独秀的《甲寅》旧友，结盟后则基本上是北大师友；结盟前，其发行陷入危机，结盟后发行量陡增到1.5万份，除了社会影响巨大，杂志本身还可以盈利。到第四卷之后，主编甚至对外宣称"不另购稿"，也就是说，对于世界、对于时事、对于文学革命或思想启蒙等各方面议题，其同人作者群都能包揽完成。与北大结盟后，《新青年》的整个学术影响力和思想洞察力，得到了迅速提升。所以说，陈独秀的北上是决定性的一步。

其实，关于"《新青年》的特异之处，在于其以北京大学为依托，因而获得丰厚的学术资源"，十八年前为"回眸《新青年》"丛书撰序时,我就谈过了(《学问家与舆论家》,《读书》1997年11期)。事后想想,这么说也不全面,还应该转过来讲——北大教授之所以能在新文化运动中发挥那么大的作用,与其深度介入《新青年》的编辑有关。百年后回望,当初不以理论建构见长的《新青年》,却能在"体系"纷纷坍塌的今日,凭借其直面人生、上下求索的真诚与勇气、理想与激情,感召着无数的后来者。而这,对于当下的我们——尤其是学院中人来说,是有很大的刺激与启迪的。具体说来,就是在政治与学术之间、在学院与社会之间、在同行与大众之间,我们这代人,到底该如何选择、怎样突围。

想当初,为了保护北京古城,梁思成先生曾激烈抗争;到了弟子罗哲文,口气明显缓和多了。因为,"奋力保护古建筑的同时,罗哲文面临更多的,是无奈"(参见张黎姣《罗哲文:一世书生终无奈》,2012年5月22日《中国青年报》)。对于新时期北京的城市建设与文物保护,侯仁之先生提了不少很好的建议,也发挥了作用,可到弟子李孝聪一辈,已无力影响开发商与地方政府,"唯一的安慰在课堂"(参见吴亚顺《李孝聪:行走于历史与现实之间》,2015年6月13日《新京报》)。寄希望于学生日后成为建设部部长或城市规划局局长,在我看来有些虚幻。

不是不可能，而是屁股决定脑袋——老学生们即便依稀记得当年课堂上的教诲，也不见得愿意落实。

并非弟子不努力，而是时势变了——政府越来越自信，开发商越来越有力，至于学者，或言不由衷，或力不从心。无论"水煮蛋"还是"大裤衩"，我不相信中国建筑师们没有过抗争，只不过胳膊拧不过大腿。最近二三十年，中国城市急剧扩张，规划师与建筑师大有用武之地；但在我这样的外行人眼中，战绩很不理想。专门家尚且无力挽狂澜于既倒，像我这样的业余爱好者，更是只有暗叹的份。如此局面催人反省，为什么学者们会变得如此软弱无力？

不能说今天中国的大学教授，全都拒绝"铁肩担道义，妙笔著文章"；问题在于，既然他们的"文章"不被今天中国的读者接纳，更不要说激赏了，其"道义"也就很容易随风飘逝。

改革开放以来，中国大学取得了长足的进步。训练有素且才华横溢的教授们，很可能真的学富五车，可就是没有能力与官员及公众展开良性互动，进而影响社会进程。我们既受制于意识形态，也受制于资本逻辑，还受制于学院体制。城市建设确实不是规划师或建筑师说了就算的，这我能理解；我不能接受的是，权力与资本的合谋竟如此肆无忌惮,而知识分子的声音又如此微不足道。

我的基本判断是:今天中国的大学教授,如果还想坚守自家立场,单靠办讲座、写文章,已经很难影响社会了。原因很多,这里单说学院体制本身的局限性。今天的中国大学,学科边界越来越严苛,评价体系越来越精密,教授们全都成了勤勤恳恳的工匠,在各自的小园地里努力耕耘,鼓捣自己的大课题小课题以及好论文坏论文,而无暇他顾。并非真的"两耳不闻窗外事",只是日渐丧失对公众发言的兴趣与能力。想想"五四"时期的《新青年》,以及二三十年代的《语丝》《独立评论》等,那时的教授们不时穿越学科壁垒,借助自己创办的思想文化刊物,直接对公众发言,而且,"拿自己的钱,说自己的话"。

教授们说话,要让老百姓听得进去,除了启蒙立场,还得调整自家的思维习惯与表达能力。这就说到了白话文运动的功业。"五四"新文化人提倡白话文,最初确实是"有什么话,说什么话;话怎么说,就怎么说"(胡适《建设的文学革命论》,1918年),但很快就由"白话"转向了"白话文学"。借用周作人的话说,就是:"以口语为基本,再加上欧化语、古文、方言等分子,杂糅调和,适宜地或吝啬地安排起来,有知识与趣味的两重统制,才可以造出有雅致的俗语文来。"(《〈燕知草〉跋》,1928年)这种"有雅致的俗语文",既不同于引车卖浆者流,也不是学院里的高头讲章,如果一定要比附,大略等同于晚清出现的与"著述之文"相对应的、兼及"如话"与"美文"的"报章之文"。

将近二十年前,我谈及那时影响很大的《读书》杂志思想上追摹的是《新青年》,文体上学习的是"任意而谈,无所顾忌"的《语丝》(鲁迅《我和〈语丝〉的始终》,1929年)。《语丝》中除了杂文与小品,还有不太被关注的"论学说理"之文:"这种大学者所写的小文章,其文体特征不易界定,只知道其跨越'文''学'边界,蕴藏着某种一时难以言明的智慧。"(陈平原《杂谈"学术文化随笔"》,1996年9月21日《文汇报》)对于这种以知性为主,而又强调笔墨情趣的"学者之文",我有强烈的认同感。在我看来,找到恰当的对象(故事或论题)不容易,找到恰当的文体更难——对于社会的影响,后者或许更长远。记得梁启超的《新民丛报》,陈独秀的《新青年》,鲁迅、周作人的《语丝》,胡适的《独立评论》,储安平的《观察》,都是有很鲜明的文体特征的。之所以一而再、再而三地谈论"五四"新文化运动时期的《新青年》,以及上世纪八九十年代的《读书》,是想引出一个重要话题:思维、学识、立场等,与文体之间存在着某种密切联系。当年参与新文化运动的北大教授们，借助《新青年》等平台，纵横驰骋，迅速跃进，带动了整个中国思想界的思考，深刻影响了社会进程，至今令人神往。

可是，这种上下求索、不问学科、兼及雅俗的写作方式，在现有体制下，不被算作"学术业绩"，因而被很多精于算计的年轻教授们轻易地抛弃了。这实在有点可惜。既经营专业著作（"著述之文"），也面对普通读者（"报章之文"），能上能下，左右开弓，这才是人文学者比较理想的状态。不仅建筑师有必要走出设计室，面向公众，阐述自家理念，普及专业知识，影响舆论并培养读者；所有被现有的院系科室条条分割的专门学者，都有这个义务。可以有"不问天下事"的专门家，但如果从业人员全都躲在象牙塔里，或忙于完成"甲方"的委托，而不愿意与公众展开深入浅出的对话，让人家明白你们的"苦心孤诣"，最终可能葬送整个学科的前途。

或许，当我们反省今天中国的人文学者为何越来越没有力量时，在金钱、立场、思想、学养之外，还得将学科边界、文体选择及其背后的利益计算考虑在内。

（初刊 2015 年 10 月 10 日《北京青年报》）

战时中国大学的风采与气象

曾被鲁迅誉为"中国最为杰出的抒情诗人"的冯至，抗战时任国立西南联合大学文学院外国语文学系教授，晚年曾撰《昆明往事》，开篇便是："如果有人问我，'你一生中最怀念的是什么地方？'我会毫不迟疑地回答，'是昆明'。如果他继续问下去，'在什么地方你的生活最苦，回想起来又最甜？在什么地方你常常生病，病后反而觉得更健康？什么地方书很缺乏，反而促使你读书更认真？在什么地方你又教书，又写作，又忙于油盐柴米，而不感到矛盾？'我可以一连串地回答：'都是在抗日战争时期的昆明。'"（《新文学史料》1986 年 1 期）这段话，若将地点及校名抽离，代入自己所在的区域与大学，可作为无数抗战期间内迁的中国大学师生的共同心声来解读。

至于后世读者，面对如此跌宕且辉煌的"往事"，很难不肃然起敬。

1937年7月，抗战全面爆发，面对强敌，中国政府在全力抵抗的同时，不得不以空间换时间，即所谓"苦撑待变"。因此，也就有了近乎不可能的大撤退——在有限的时间内，有条不紊地实现了政府内迁、工厂内迁、企业内迁、学校内迁、文物内迁等。如此大规模内迁，"衣冠西渡"，没有丧失战斗意志，固然很不容易；而西南大后方接纳和安置了大批内迁的机关、工厂、学校和人口，保存和发展了抗战力量，同样值得高度赞许。本文所讲述的"战时中国大学的风采与气象"，必须放置在如此大背景下，才能看得清楚。

最初的激烈动荡刚刚过去，迁徙后方的大学也基本站稳了脚跟，出于总结经验、自我鼓励以及招收新生的需要，大学开始"讲故事"。商务印书馆1941年1月10日刊行的《教育杂志》第三十一卷第一号乃"抗战以来的高等教育专号"，加上以后几期杂志，总共讲述了37所大学"抗战以来"的情况；与此相映成趣的是重庆独立出版社1941年3月所刊《战时全国各大学鸟瞰》（王觉源编），全书收文47篇，也就是说介绍了47所大学。而1941年10月25日延安《解放日报》第3版刊有《抗战后专科以上学校集中区域》，此文原为表格，分作"区域""学校""学生数"三栏，提及不少前两种书刊遗落的大学。综合起来，1941年仍在招生的中国大学，除了三个文本共同涉及的28校，加上《教育杂志》介绍的8所、《战时全国各大学鸟瞰》谈论的19所，以及《解放日报》提及的29所，共84所。战前中国大学仅108所，也就是说，八成以上仍在坚持，其中办在上海租界的15所，坚持在北平的6所，其余67所则努力转移到国民政府控制的区域。必须说明的是，最初统计时，便已排除了不被国民政府承认的"伪北京大学""伪中央大学"，以及办在东三省的若干"伪校"。

从最初的慌乱中喘过气来，五分之四仍在办学的专科以上学校，竟然屹立在国统区，这个数字非常可观。必须略加厘清的是，第一，上述专科以上学校，不一定都是内迁的，包括本地原有的大学（如四川大学、云南大学）；而且，"西迁"虽是主流，也有在省内迁徙的（如厦门大学、河南大学）。第二，《解放日报》所刊表格，附注中已经说明："陕甘宁边区及敌后各抗日根据地不在内。"而熟悉现代中国史的人都知道，共产党领导的陕北公学、鲁迅艺术文学院、延安大学、华北联合大学等，虽没有纳入国民政府主导的高等教育系统，但办学宗旨别具一格，日后人才辈出，同样值得高度重视。第三，1941年12月7日日军偷袭珍珠港，太平洋战争爆发，北平及上海等地又有不少高校停办（协和医学院、沪江大学）或内迁（燕京大学迁成都、交通大学总校迁重庆），中国大学版图发生很大变化。第四，最近二十年，随着学界研究的日渐深入，抗战中大学内迁的数字在不断增加。不谈办学规模及学术水平，单从数字看，在战事失利、国土大面积沦丧的极端不利状态下，竟然有大约百分之九十的中国大学办在原本教育及文化相对落后的国统区（主要是大西南、西北），这实在让人惊叹。

战时中国大学的内迁，乃"为了保全国家元气"，其间政府之决定迁移大计以及拨给相关款项，确实大费周章；可我更看重的，还是各校师生员工的勇敢与毅力。最近二十年，各大学在编写校史时，都会强调其抗战时期的内迁路线、过程、场景及人物；而文人学者以及广大读者也对此感兴趣，相关出版物很多。这里略加概括，提点抗战中中国大学大批内迁的意义——保存学术实力，赓续文化命脉，培养急需人才，开拓内陆空间；更重要的是，表达了一种民族精神以及抗战必胜的坚强信念。具体说来，战时中国大学的内迁有如下特点：第一，不是个人逃难，而是集体行动，且一路上弦歌不辍；第二，教学上，不是应急，而是长远打算，所谓"战时如平时"，更多着眼于战后的建国大业，保证了战时培养的大学生的质量；第三，学术上，不是仓促行文，而是沉潜把玩，出有思想的学问，有情怀的大学者——这一点人文学尤其明显；第四，广大师生因大学西迁而见识中国的辽阔与贫困，于流徙中读书，人生忧患与书本知识合一，精神境界得以提升；第五，大后方传出的琅琅读书声，代表某种文化自信与道德优势，召唤无数沦陷区的青年学生，穿越重重封锁线前来求学；第六，除了具体的学术成果，大学内迁为西南西北播下良好的学术种子，此举对于中国教育平衡发展意义重大。

八年抗战，漫天烽火中，中国大学大规模内迁，大部分教授响应政府号召，随大学辗转迁徙，且一路弦歌，其精神与气象，值得后人永远追怀与记忆。我曾撰文辨析，如此壮举，古代中国没有，同时期欧美名校也没有。但抗战是全民族的事，各行各业都有可歌可泣的故事、可敬可贺的业绩，大学只是其中的一环。谈论抗战中中国大学的"光荣与梦想"，不宜抽离大背景——前方将士的浴血奋战、政府的筹划以及民众的支持，再加上师生们戮力同心，方才成就如此不朽功业。如今硝烟远去，大学师生在追忆这段往事时，不宜自我膨胀，只讲"弦歌不辍"的意义，忘了这琅琅书声背后有巨大的支持与牺牲。

谈论抗战中的中国大学，着眼于政治史、思想史、教育史，会有不同的论述策略。在如此艰难的状态下，大学维持正常的教学秩序，不坠青云之志，令后人无比钦佩。只是眼下诸多回忆及论述，讲政治立场的多，讲教学状态的少。谈前者，无数感人的故事与场景，可信手拈来；谈后者，牵涉大学的制度建设以及整体的精神氛围，更需仔细分辨。在一个全民抗战同仇敌忾的时代，大学的风采与气象，不仅体现在政治立场，更落实在具体的教育宗旨与校园氛围。

对比十年"文革"的荒废学业，或近二十年的急起直追，抗战八年中国大学的教学状态可圈可点。着眼于对当下中国大学的启示，我愿意特别强调以下三点：第一，以教学为主；第二，注重师生关系；第三，坚持学术标准。

内迁大学的教授们，在十分艰难的环境下从事学术研究，照样有很好的业绩，这点很让人欣慰。但不同专业的学者，受战争影响深浅不一。人文学教授虽也有图书资料匮乏的困扰，但可以另辟蹊径，凸显著述的见识与情怀；理工科教授不一样，讲课没问题，若需要精密仪器配合，则不免捉襟见肘。西南联大物理学系教授吴大猷在回忆录中谈及，他如何请北大校方在岗头村租了一所泥墙泥地的房子做实验室，找一位助教把三棱镜等放在木制的架子上，拼凑成一个最原始的分光仪，试着做一些拉曼效应工作。"我想,在20世纪,在任何实验室,不会找到一个仅靠一个三棱镜,并且是用一个简陋木架做成的分光仪。"(吴大猷《回忆》,34页,北京:中国友谊出版公司,1984年)靠如此简陋的仪器做实验写论文,实在也太难为教授们了。实验设备不足,科技情报缺乏,很难追踪世界学术前沿,这本是治学的严重缺陷,可内迁大学的教授们,因地制宜,扬长避短,限制研究生培养,改为以本科教学为主。教书为主,科研为辅,使得抗战中中国大学的教学水准值得夸耀。以西南联大为例,截至《国立西南联合大学校史》出版的1996年,联大教师中被评为中国科学院院士的有69人,学生中被评为中国科学院院士和中国工程院院士的有80人,合计149人(参见西南联合大学北京校友会编《国立西南联合大学校史》,3页,北京大学出版社,1996年)。此外,日后赴美深造并获诺贝尔物理学奖的杨振宁,在《〈超晶格〉(1945)之后记》中称:"想起在中国的大学生活,对西南联大的良好学习空气的回忆总使我感动不已。联大的生活为我提供了学习和成长的机会。"(杨振宁《读书教学四十年》,5页,香港:三联书店,1985年)与今日中国大学拼命发展研究院不同,西南联大等内迁大学真正得意之处在本科教学。这些受过良好训练的本科生,日后因缘际会,或出国继续深造,或在实践中自己探索，逐渐成为一代名家——这或许是西南联大等内迁大学留给我们的最为深刻的启迪。

战时内迁的中国大学，一般办学条件都很差，靠什么支撑渡过重重难关，除了民族大义以及抗战必胜的信念，还有师生间的相濡以沫。西南联大迁昆明后，1938年春曾在蒙自设文法学院，负责筹备的郑天挺教授日后回忆："西南联大的八年，最可贵的是友爱和团结。教师之间、师生之间、三校之间均如此。在蒙自的半年，已有良好的开端。同学初到蒙自时，我每次都亲到车站迎接，悉心照料，协助帮运行李。其他教授亦如此。"（郑天挺《滇行记》，西南联合大学北京校友会编《笳吹弦诵情弥切》，331页，北京：中国文史出版社，1988年）这种师生的亲密无间，除了中国书院传统，某种程度上也是战时经济困难以及生活空间缩小造成的。著名史学家、当年联大历史系助教何炳棣，晚年在《读史阅世六十年》中提及："我相信当时'联大人'的日常活动半径不会超过25或30分钟的步行，生活空间如此急剧的紧缩是造成联大高度'我群'意识的有力因素"；"从1941和1942年起，持续的恶性通货膨胀，逐渐使一贯为民主自由奋斗的联大，变成一个几乎没有'身份架子'，相当'平等'、风雨同舟、互相关怀的高知社群。"（何炳棣《读史阅世六十年》，151—152页，桂林：广西师范大学出版社，2005年）而著名数理逻辑学家、当年联大研究生王浩，也在回忆文章中称："教师与学生相处，亲如朋友，有时师生一起学习新材料。同学之间的竞争一般也光明正大，不伤感情，而且往往彼此讨论，以增进对所学知识的了解。离开昆明后，我也交过一些别的朋友，但总感到大多不及联大的一些老师和同学亲近。"（王浩《谁也不怕谁的日子》，《云南文史资料选辑》，第34辑"西南联合大学建校五十周年纪念专辑"，第66页，昆明：云南人民出版社，1988年）

战时中国大学最令人感叹的是，在那么艰难困苦的环境中，始终没有放低教学质量与学术标准。阅读诸多大学的校史档案，辨析其课程设计、考试方式以及论文答辩等，对此深有体会。这里仅以1941年《教育杂志》第三十一卷第一号所刊二文为例，看遭遇轰炸后大学的表现。1939年10月13日日机轰炸昆明的西南联大，投下百余枚炸弹："师范学院全部炸毁，同学财物损失一空；文化巷文林街一向是联大师生的住宅区，也全炸毁了；在物质方面，日人已经尽可能地给了打击。然而，就在轰炸的次日，联大上课了，教授们有的露宿了一夜后仍旧讲书，同学们在下课后才去找回压在颓垣下的什物，而联大各部的职员，就在露天积土的房子里办公，未曾因轰炸而停止过一日。"

（查良铮《抗战以来的西南联大》）同年1939年2月5日，日机18架侵入广西宜山，专炸浙江大学，共投弹118枚，教室及宿舍受损严重："唯学校经此次猛烈轰炸后，不得不加以整理，于是停课三日，于二月九日照常上课。"（孙祥治《抗战以来的国立浙江大学》）如此紧张的局面，一说遇炸次日照样上课，一因停课三天专门记录在案，可见校方对于学业的重视。后文开列抗战以来浙大由杭州而建德、而吉安、而泰和、而宜山、而遵义的迁徙历程："虽迭经播迁，而每学期实际上课之周数，平均在十八星期左右，若加缴费注册选课等时日计之，则近二十星期矣。"所有在大学读过书或教过书的人都明白，这等于说，浙大即便在迁徙过程中，也都不曾停过课。

几乎所有关于内迁大学的追忆，都在强调"生活上的艰难"压不住"精神上的愉悦"。当初也有不少抱怨，日后却全都成了美好的回忆。内迁大学之所以值得永远怀念，不妨借用冯友兰谈及抗战初期组建长沙临时大学的一段话："中国的大学教育，有了最高的表现。那个文学院的学术空气，我敢说比三校的任何时期都浓厚。教授学生，真是打成一片。……那一段的生活，是又严肃，又快活。"（《回念朱佩弦先生与闻一多先生》，《文学杂志》，3卷5期，1948年10月）其实，放长视线，众多内迁大学，最让后来者怀想不已的，正是此逆境中师生"打成一片"，一起经历苦难，一起探索学问，因而，"又严肃，又快活"。这一工作状态，在我看来，既学术，也精神，乃大学之为大学的理想境界。

抗战期间，中国大学不仅没有溃败，还发展壮大，此举放在整个中国教育史乃至世界教育史上谈论或炫耀，都毫无愧色。此乃中国现代大学史上最艰难但也是最意气风发的时代，其理想与情怀是后来者所望尘莫及的。如何描述此等奇迹？单靠冷冰冰的数字或教科书式的总结，很难体现我的敬畏、缅怀与景仰，于是，不揣冒昧，以文学性的"风采与气象"为题，希望读者能心领神会。

2015 年 8 月 3 日于银川旅次

（初刊 2015 年 8 月 25 日《光明日报》，乃该报"抗战中的大学"专刊的导论）

从"大侠"到"大学"

——香港文化形象的嬗变 [1]

什么是香港的"文化形象"——或者说外界对于国际性大都市香港的"想象"与"记忆"?时至今日,依然认定香港是"文化沙漠"的,不是偏见极重,就是彻底无知。可香港的文化到底有何值得夸耀,或者说被大陆民众"长相思"的呢?本文试图从中国大陆民众的视角,看改革开放三十多年间,香港文化形象的嬗变。一方面是香港人不断努力、与时俱进,另一方面则是外界对于此"商业城市"的了解逐渐深入。若删繁就简,不妨用"大侠"与"大学"这两个意象来描述:前二十年(1978—1997)是游侠想象,

---

[1] 此乃作者 2014 年 9 月 26 日在香港浸会大学主办的第二届中华国学论坛上的主旨演说。

后二十年（1991—2014）是大学故事；至于回归前后是过渡期，两边兼顾。

伴随着改革开放的步伐，香港的流行文化开始大举进入中国大陆。从电影、歌星、乡音（粤语及港式普通话），到服饰、化妆品、流行音乐，都曾风行一时。其中持续时间最长、影响面最广的，当属武侠小说以及与之相关的功夫片。一个高度商业化社会，竟产生大量特立独行、替天行道的"侠客"，实在是好玩的事儿。你可以说这是"白日做梦"，或者"成年人的童话"，但金庸为代表的武侠小说作为一种文化产业，确实是非常成功的。

上世纪50年代中期，以梁羽生的《龙虎斗京华》《七剑下天山》，以及金庸的《书剑恩仇录》《射雕英雄传》打头，港台掀起一股写作、阅读武侠小说的热潮。而这些"千古文人侠客梦"日后之涌进中国大陆，却是凭借改革开放的"东风"。作为"文革"后招收的第一届大学生（七七级），而且在毗邻港澳的广州念书，我记得很清楚，我们是将萨特、卡缪与金庸、古龙混合在一起阅读的。如此滑稽的"混搭"，可见我们的接受视野。

经由十多年的酝酿，逐渐积聚起巨大的能量，武侠小说终于迎来了属于自己的"春天"——1994年5月，北京的三联书店推出"典藏版"的《金庸作品集》；10月，北京大学聘金庸为名誉教授，中文系严家炎教授在致辞中称这是"一场静悄悄的文学革命"；同月，海南出版社刊行王一川主编的《二十世纪中国文学大师文库·小说卷》，金庸排在鲁迅、沈从文、巴金之后，位列第四。至此，金庸为代表的武侠小说终于登上了"大雅之堂"。尽管学界对此举有不少批评声音，但阅读及谈论武侠小说，已不再是一件低俗的事。盛产"好看"的武侠小说，于是也成了香港的文化标志。可以这么说，金庸小说在中国大陆的传播与接纳，对于提升香港的文化名声是有很大帮助的。

此前此后，有过不少著名的武侠小说家，但其艺术成就与影响力均无法与金庸相比。为什么？除了艺术才华及经营能力，更与金庸政治上的抱负有关。在《超越"雅俗"——金庸的成功及武侠小说的出路》(《当代作家评论》1998年5期）中，我提及长期撰写《明报》社论对于金庸小说的意义。而在推广自家文化品牌的过程中，授权影视改编也是重要的一环。这就涉及香港功夫片（武打片）自身的发展脉络及其在中国大陆的传播。

上世纪60年代，张彻、胡金铨分别拍摄了武打电影的经典之作《独臂刀》与《大醉侠》；而80年代初《少林寺》的上映，对此类型电影的推广大有帮助；到了90年代初，胡金铨导演的《笑傲江湖》、徐克导演的《黄飞鸿》

系列、徐克与李惠民导演的《新龙门客栈》，其想象力之丰富、武打动作之逼真，以及电影画面之精美，让大陆观众叹为观止。于是，大陆的武侠影视也开始上路了。其中，中央电视台电视剧制片人张纪中选择与金庸合作，第一部拍的是《笑傲江湖》，金庸只收了象征性的1元版税。张导再接再厉，发誓将金庸全部作品都重拍一遍。今年开拍的是第八部新剧《侠客行》，以及第九部《书剑恩仇录》。不管专家评价高低以及观众如何吵翻了天，以央视的绝佳平台，张拍金剧都能畅销无阻。

兼及小说与影视的香港"大侠"，因而成了很多大陆民众的"最爱"。以至今日，当香港中文大学与北京大学的研究生坐在一起讨论"香港文学"时，一边谈的是刘以鬯、西西，另一边则是金庸、梁羽生，差异何其大。上世纪90年代起，我多次撰文谈论都市生活与文化生产的关系，从这个角度看金庸小说之进入中国大陆，是十分有趣的题目。你可以说，将金庸作为香港文学的代表，那是绝大的误解；可古往今来的"文学接受"，又有多少是"正解"的呢？如此接受过程，跟金庸小说的潜质有关，但更重要的是大陆民众的欣赏趣味及现实需求——那时的中国大陆，缺的正是这种雅俗共赏的文化产品。至于北京大学在这中间扮演的角色，其得失利弊，以及本人的立场与策略，这里暂不涉及。

回到最近二十年大陆民众对于香港文化的想象与记忆。有趣的是，"大侠"的身影尚未完全消逝，"大学"的故事已迫不及待地开讲了。为了纪念香港回归（1997）及建国五十周年（1999），北京的人民教育出版社在 2000 年推出了《香港教育的过去与未来》，打头的是香港中文大学、香港大学、香港科技大学的校长，分别宣讲各自大学的历史及办学宗旨。接下来是关于香港的大学、中学、小学以及各种专门教育的介绍。读者锁定在大陆民众，因而此书基调是"一路凯歌"，具自我反省及批判精神的，只有香港中文大学哲学讲座教授刘述先的《香港高等教育的歧途》、香港中文大学医学院社区及家庭医学系及美国密歇根大学教育讲座教授杜祖贻的《香港学术发展的正路》。两篇文章论述策略不同，但都警惕香港教育的"学术殖民地心态"。不过，这些批评不起任何作用；且几乎与此同时，中国大陆的高校也都逐渐走上了这条唯哈佛耶鲁马首是瞻的"康庄大道"。

二十年前不怎么被看好的香港的大学，最近变得特别靓丽起来。一是中国大陆各高校正步其后尘，纷纷追求不无争议的"国际化"，因此香港各大学的优势被无限放大。二是所谓客观公正的"国际排名"，正引起国人的热情围观。今年6月13日,《文汇报》发表《缺乏特色让上海的大学落后于香港》,称依据2013年QS亚洲大学排名（QS Asian University Rankings）,上海的大学普遍落后于香港。比如,香港科技大学第1、香港大学第2、香港中文大学第5、香港城市大学第12,而上海最好的复旦大学也只排第23名。此外,香港理工大学高于上海交通大学,香港浸会大学高于同济大学,岭南大学高于华东师范大学,等等。上海这四所名校——复旦、交大、同济、华东师大,可都是"985"大学呀！也就是说,香港各公立大学的"国际排名"都比内地的"985"大学要靠前。我在香港教书,深知这样的排名是有问题的。说香港理工大学的整体学术水平高于上海交通大学,无论如何我也不相信。

正因国际排名靠前,香港各高校目前吸引了很多大陆的优秀学生。从1998年28名内地学生入读香港中文大学开始,到今年香港8所公立高校共录取1588名内地本科生（加上私立学校,这一数字已经超过2000）,这无疑大大改变了香港的高等教育结构。香港的大学师资不错,教育体制也可圈可点,但生源一直不太理想。总共700多万人口,除去小学或中学毕业后直接到海外读书的,剩下的特别优秀的中学毕业生其实不是很多。内地学生正是在这一大背景下陆续进入香港的大学。中央政府给予香港高等教育的最大帮助,是在政策上允许他们零批次录取。这样一来,香港的大学生源很快发生了根本性变化。我在港中大教书,明显感受到近些年来学生的水平在不断提高。

虽然内地考生报考香港各大学的热潮实际上已有所回落,但今年招收内地学生的香港高校却新增了5所,达到了前所未有的17所(香港大学、香港中文大学、香港科技大学、香港城市大学、香港理工大学、香港浸会大学、岭南大学、香港教育学院、香港树仁大学、香港公开大学、香港演艺学院、珠海学院、香港高等科技教育学院、明德学院、恒生管理学院、明爱专上学院、东华学院)。后5所香港高校,只要考分达到二本录取线,就有资格"经过面试后被录取"。从顶尖的北大清华,到"985"高校,再到诸多很不错的二本院校(如首都经济贸易大学、大连外国语大学、南京邮电大学、西北政法大学、上海师范大学、深圳大学等),都面临着香港各高校的激烈竞争。

二十年前,我们谈到香港这"弹丸之地"的文化与教育,都不以为意;可二十年后的今天,我们必须承认:对中国内地的高等教育而言,香港的大学已经构成了巨大的挑战。去年我在北京的《新京报》以及香港的《明报》撰写"大学小言"专栏文章,今年结集为《大学小言——我眼中的北大与港中大》,分别在香港三联书店和北京三联书店出版。搜狐教育频道为此所做的专题是《陈平原：以港为镜，透视内地高等教育》。确实，我对中国大陆的高校严厉批评，而对香港的大学则"温柔敦厚"，因写作主旨是探讨在华人地区办"好大学"的可能性，而拟想的主要读者是大陆民众。

关于中国大学的历史与现状，我写过好几本书，这里不赘。只想说一句，香港文化形象从"大侠"转为"大学"，这实在是个奇迹。其中不无误解，但背后的思路与情怀值得认真追踪。尤其是谈论香港，从大众文化到精英文化，从个人才华到教育制度，从"南来文人"到"东归学者"（抗战爆发后的"南来文人"，对于香港现代文学及文化建设起重要作用，这点学界多有论述。其实，上世纪90年代以来，诸多原本任教美国的华裔学者来港，对于香港学术、文化的意义，至今没有得到很好的阐述。参见陈平原《我见青山多妩媚——叶灵凤、李欧梵的"香港书写"》，2010年12月26日《苹果日报》），从隔岸观火的欣赏，到身临其境的参与，大陆民众及学界的"香港想象"，由此发生了很大变化。

这或许是某种"基于匮乏"的文化想象——当初武侠小说之被国人激赏，以及今天香港各大学之被过度表彰，很大程度缘于大陆民众及学界对于自家处境及立场的反省与批判。不能说"无中生有",香港文化确实潜藏着某种优势,只是在大陆民众的阅读与阐释中被夸大了。但你也得承认,这种"误读"有其合理性——无论"大侠"还是"大学",确实是这"东方之珠"曾经具有的独特魅力。

从里往外看,与从外往里看,效果是很不一样的。我当然明白,香港各大学同样面临很多困惑、迷茫与歧途,但将其投放进一百多年来中国人探索现代大学制度建立的漫长历程,看其如何像鲶鱼一样激荡起一池春水,未尝不是一件好事。多年后再回头看,也许这是香港对于中国文化建设的重要贡献。

2014年9月15日于香港中文大学客舍

(初刊2014年9月26日《南方周末》及[香港]《国学新视野》2014年冬季号)

弹性的"经典"与流动的"读者"[1]

今天的演讲，就从这"铁打的营盘流水的兵"说起。去年5月7日，为纪念王瑶先生诞辰一百周年，我们在北大召开了"精神的魅力——王瑶与二十世纪中国学术"研讨会；昨天下午，为祝贺孙玉石先生八十华诞，我们举办了"中国现代文学研究的传统"研讨会。再加上此前钱理群教授高调宣布"告别学界"，所有这些都促使我思考，在中国的大学、中文系、现当代文学专业这个营盘里，老兵不断离去，大批新兵正意气风发地走过来了。我不会有"断档"之类自作多情的忧虑，但关心是什么东西维系着

---

[1] 此乃作者2015年11月15日在北京大学召开的"时代重构与经典再造"博士生与青年学者国际学术研讨会上的主旨演说。

这个营盘的存在价值——武器、技能还是修养?

在"文学教育"这个营盘里,有很多耀眼的新式武器,但最值得夸耀的、可承传的"武功",很可能就是选择、阐释、承传"文学经典"的志趣与能力。那么,什么叫"经典",这概念现在是否还有效,以及如何因应时势变化而自我更新,是我想讨论的话题。

所谓"经典",不只因自身具有长久的阅读或研究价值,可作为同类书籍的标准与典范,而且,往往代表一时代的精神价值与文化取向。十五年前,我写过一篇长文《经典是怎样形成的——周氏兄弟等为胡适删诗考》,后收入《触摸历史与进入五四》(北京大学出版社,2005年)。先摘引两段话,再做进一步阐释。"两千年前的'经典',也会面临阴晴圆缺,但有朝一日完全被遗忘的可能性不大;反过来,二十年前的'经典',则随时可能因时势迁移而遭淘汰出局。""一部作品之成为'经典',除了自身的资质,还需要历史机遇,需要时间淘洗,需要阐释者的高瞻远瞩,更需要广大读者的积极参与。"

上面说的,主要是时过境迁,各种力量的对比发生变化,各文化因素交互作用,导致经典的兴衰起伏。可我越来越深刻地体会到,即便同一时期,不同民族、不同阶层、不同政治信仰、不同文化立场、不同性别取向的人,各自心目中的经典（包括所谓的"文学经典"），已经高度分化了，很难再有"一统天下"的阅读趣味。

二十五年前，我撰写了《千古文人侠客梦》，此书人民文学出版社1992年初版，日后有各种版本及译文，我从司马迁谈到了金庸，但那属于类型研究，不涉及经典确认，也没让《聂隐娘》与李杜诗篇比高低。书出版两年后，那时的北师大教授王一川等编辑《二十世纪中国文学大师文库》（海口：海南出版社，1994年），将金庸列为小说家第四，位在鲁迅、沈从文、巴金之后，老舍等之前；至于茅盾，则名落孙山。此举引起激烈争辩，不断有人诱惑我参战，问我到底是《笑傲江湖》好，还是《红楼梦》更伟大，还有，金庸排名到底该提前还是推后，我真的哭笑不得，只能高挂免战牌。

十五年前，学生送我圣埃克苏佩里的《小王子》中译本，还题上"希望老师每一个日子都能开出花来"。我读了，也很感动。但对于这部"哲理童话"算不算文学经典，在法国文学史上地位如何，我没想过。近日因电影上映而铺天盖地的文宣，有说不读《小王子》的，就不是地球上的正常人，这让我很惊讶。即便真像媒体所说的，该书在全世界销售1.45亿册，也没必要如此霸道。连最个人化的"阅读"，也都被绑架了——政治的、道德的、宗教的、文化的，如今再加上商业的——这可不是好兆头。

前两年,在国外讲学,被问及中国当代"生态文学"的"经典",我真的不知道怎么回答。以前不好回答的,往往是政治性提问,如西藏问题、计划生育、"八九"风波等,现在答不出来的,则因知识繁复、话题纷纭,真的不懂。我知道最近十几年中国学界热衷生态文学、生态美学,如山东大学曾繁仁教授就有《生态美学导论》(北京:商务印书馆,2010年)。可中国生态文学有哪些代表作,我确实不清楚。梭罗1854年初版的《瓦尔登湖》,以及蕾切尔·卡逊1962年刊行的《寂静的春天》,这些书对人类的生活态度与精神世界影响极为深远,但到底是放在文学史,还是在文明史、思想史、科学史上谈论更合适,我有点困惑。

今年是新疆维吾尔自治区成立六十周年,6月间,我应邀参加"中华文化四海行"活动,在新疆大学演讲,得到自治区政府赠送的精美图书《福乐智慧》。此书乃十一世纪维吾尔族诗人、思想家、政治活动家玉素甫·哈斯·哈吉甫所撰,共85章,13290行。如此结构完整、文辞优美的鸿篇巨制,在维吾尔文学史上乃"顶天立地"之作。可我作为中国文学教授,竟然没读过,实在惭愧之至。接到书的当天晚上,除了赶紧补读,再就是反省我作为一个文学教授的知识体系。

前两天看"腾讯文化",知道1995年在巴黎自杀身亡、年仅26岁的台湾女作家邱妙津的《蒙马特遗书》译成英文出版了。报道称此举"将她的作家身份置于一个新的高度:在《纽约书评》的'经典系列'之中,除她以外,只有一位汉语作者,便是中国二十世纪最具盛名的作家张爱玲"。我知道《蒙马特遗书》是"一部女同志的《圣经》",在台湾影响很大,但这是"文学经典"吗?我不敢开口。

上述挑战,终于让我逐渐明白,在一个价值多元的时代谈论"文学经典",而且希望别人大致接受,是何等困难的事。有的是立场问题,有的是趣味问题,有的是学养问题,各有各的一套,凭什么听你的。比起数学、物理或法学、经济学来,很不幸,"文学经典"的弹性是最大的——只要读书识字的,不管学什么专业,都敢跟你争。

某种意义上,在今天这个时代谈论"文学经典",而且还想将其作为教学或研究的重镇,会被扣上"保守主义"乃至"冥顽不化"的帽子。比如美国著名批评家哈罗德·布鲁姆的《西方正典:伟大作家和不朽作品》(江宁康译,南京:译林出版社,2005年;此书英文本初版于1994年),在很多追求"政治正确"的激进学者看来,不说反动,也是老朽。此书以莎士比亚为标尺,来选择并建构西方文学正典。对这26位大师作品的精细解读——但丁、乔叟、莎士比亚、塞万提斯、蒙田、莫里哀、弥尔顿、约翰逊、歌德、华兹华斯、奥斯汀、惠特曼、狄金森、狄更斯、艾略特、托尔斯泰、易卜生、弗洛伊德、普鲁斯特、乔伊斯、伍尔芙、卡夫卡、博尔赫斯、聂鲁达、佩索阿和贝克特，在布鲁姆是全身心地投入，但并非所有人都领情。不是技术问题，而是立场，在布鲁姆看来，学术界追求"无休止的文化多元主义"，"已经变得走火入魔了"，这使得西方文学经典的阅读、教学与承传分崩离析。

面对如此"经典悲歌"，我的态度颇为骑墙：既承认"文学经典"具有弹性，并非只有你认可的这十几或几十家，作为文学教授，阅读趣味不能太狭隘；但也不主张拆掉所有藩篱，任由读者自由裁断，说什么好坏全凭嘴一张。据说曾有大师夸口，他掌握先进的理论武器，即便给他一张账单，也能写成很好的文学论文。若真到这个地步，不要说"经典解读"，就连"文学批评"是否值得存在，也都让人怀疑。"文学是什么""何为好作品""如何阅读经典"，此乃最基础的问题，作为文学教授，你必须回答。若我们这些文学教授，整天摆弄各种莫测高深的理论，面对"经典阅读"这么急迫的社会话题，不敢发言，或没办法说出个子丑寅卯来，怎能让读者信任呢？

在这方面，古典文学与现代文学的困境恰好相反。前者是太凝固，后者又太疏松。记得陈西滢曾嘲笑英国人开口就是莎士比亚多么伟大，但很多人其实没认真读过其剧作（《听琴》，《凌叔华、陈西滢散文》，257页，北京：中国广播电视出版社，1992年）。中国人也一样，不敢承认自己不喜欢那些大名鼎鼎的文学经典。记得我在乡下插队时，周围不太识字的老农都说《红楼梦》好。因为，1973年的某一天，在接见即将互换岗位的八大军区司令员时，毛主席问许世友读了《红楼梦》没有，许回答"读了"；毛问读"几遍"，许答"一遍"；毛说"一遍不够，最少要五遍！"最高指示传达下来，我们积极响应。大队书记要我春节期间给乡亲们说书，就讲《红楼梦》。我准备了好几天，最后落荒而逃。除了断定自己讲不好，还有就是深刻怀疑贫下中农爱不爱听。《红楼梦》确实伟大，但不是山村晒谷场上说书的本子。再说了，不喜欢《红楼梦》又怎么样？为什么一说是"经典"，就非读不可，还要读五遍？作为文学教授，面对古今中外诸多文学经典，有的我很喜欢，有的则一点感觉也没有，怎么办？公开场合不说，免得露怯；若需要讲课，那就照本宣科吧。

至于现当代文学，潮起潮落，花开无期，这里的故事太多了，大家都很熟悉，我就不说了。其实，还应该关心经典的确立、演进、推广、衰落过程中各种政治、社会、文化、心理的因素。"兴"是重大话题，"衰"也值得认真对待。

回过头来，再说这阅读的自主性。作为读者，你学养再好，读书再认真，也都有盲点。所谓"不带偏见"，很可能就是随大流。以前，因外界压力大，很多人不敢公开表达自己的阅读感受，面对如雷贯耳的"经典"，不好说自己不喜欢，最多说是"读不懂"。现在不一样了，我们承认阶级、种族、性别、教养等政治立场对于"文学阅读"的深刻制约，那么，原先设定的"经典"，就不再是天经地义、非读不可的了。

理解并同情不同政治及文化立场的读者对具体文本天差地别的感受，会不会导致"文学经典"的土崩瓦解呢？这就看"教育"的功效了。单从大众传媒看，今天影响读者趣味的，主要是明星，而不是教授。粉丝制造了如此的阅读及收视奇迹，在我看来，是对"经典"这个词的绝大嘲讽。今天中国的阅读市场，若想引起关注，除了粉丝，就是话题或广告。书评已经基本不起作用了，因为，借用导演冯小刚的话："这年头，谁还听专家的？"再说，专家很可能也已经堕落，成了作者或书商十分优雅的"托"。

影响"文学经典"的形成与转移的,在我看来,有三大力量。一是政治的力量(如中宣部的表彰或惩罚),二是资本的力量(互联网在传播信息的同时,有效地影响读者趣味),三是学术的力量。具体到中国现当代文学的生产与传播,最大的制约因素,此前是政治,目前是资本。专家唯一还能起作用的,那就是校园里的阅读了。经由制度化的课堂教学,中学的语文老师及大学里的文学教授,还能潜移默化地影响社会的阅读趣味。每年将近2800万大学生及研究生(2014年)在校园里读书,不说那些专攻中国文学或外国文学的,借助大学语文、通识课程以及课外阅读,多少都会接触一些"文学经典"的。那么,在此过程中,文学教授到底起多大作用呢?

不管是大学里的文学教授,还是中小学的语文老师,首先自己必须是好读者。在我设想的"一般读者""优秀读者""理想读者"三层级中,肩负着阐释与推广重任的语文教师及文学教授,毫无疑问属于最高等级。那么,我们如何确立自己的阅读趣味,并将其传递给学生们,进而影响"文学经典"的形成、修正与重构呢?

不说远的,就说"中国现当代文学"这个学科吧。九十年来,从"新文学"到"现代文学"到"当代文学",再到"现当代文学"或"二十世纪中国文学",已经发展成一个庞大的学问体系。但很遗憾，那个早已被学者们抛弃的"鲁郭茅巴老曹"，依旧纠缠着我们——某大学教师上课时没有照此排名讲述，居然受到了批评。虽说是茶杯里的风波，可印证了我的直觉：改革开放以后，我们这一代及上一代学者通力合作，左冲右突，拆解了原来的"英雄谱"，但并没有建立起一套被广泛认可的新的"文学经典"。

若深入到大学中文系课堂，共同形塑我们的"文学经典"的，主要是以下三种教学手段：文学史、文学读本、必读书目。

几年前，我在《作为学科的文学史》（北京大学出版社，2011年）中，认真辨析作为知识生产的"文学史"，深刻体会其中体制与权力的合谋，意识形态与技术能力的缝隙，还有个体学者与时代氛围的关系。而在众多努力中，教授与课堂依旧是关键性因素，这也是我对"文学教育"依旧抱有信心的缘故。

"文学史"是个常说常新的话题，去年就发生了一件趣事——怎么看待钱穆1955年在新亚书院讲授的《中国文学史》。《深圳商报》将此系列访谈集结成书，题为《再提"重写文学史"》，嘱我写序，我说："谈论文学史的前世今生、得失利弊，商量到底是继续前行，还是尽早脱身，在一旁'看热闹'的读者，欣赏的或许不是精彩的结论，而是受访者的姿态与神情、自信与反省。而所有这些，只有将受访者的学术简历考虑在内，才能显示一代人的学术姿态，也才能理解他们的窘迫、惶惑与挣扎。"

为何强调文学史家的"窘迫、惶惑与挣扎"，有兴趣的朋友，可参阅我2011年在三联书店出版的《假如没有文学史……》，还可参阅我初刊《河北学刊》2013年第2期的《文学史、文学教育与文学读本》。后者谈及："对于生活在网络时代的中文系学生来说，知识爆炸，检索便捷，记忆的重要性在下降，如何培养阅读、品鉴、阐发的能力，成了教学的关键。以精心挑选的'读本'为中心来展开课堂教学，舍弃大量不着边际的'宏论'以及很可能唾手可得的'史料'，将主要精力放在学术视野的拓展、理论思维的养成以及分析能力的提升——退而求其次，也会多少养成认真、细腻的阅读习惯。"

至于如何促成"批判性、联想性、拓展性、个人性"的"文学阅读"，除了"重建文学课堂"，还有就是思考专业教育中的"必读书目"。为何关注需不需要"必读书目"这样琐碎的问题？因我在研究生入学口试以及论文答辩时，发现学生普遍不怎么读作品，但又都说得头头是道，而且，颇有以此为荣的。有些是偷懒，有些则是趋新——对于今天中国各文学专业的研究生来说，读理论而不读作品，成了新的时尚。

大概二十年前,我接手北大中文系现代文学教研室主任,钱理群教授给了我他们那一届研究生的"必读书目"。我一看实在太多了,删节后发给了研究生。此书目使用了十几年,轮到我的学生辈吴晓东、王风他们来权衡,据说又大为删减。但到了学生手中,估计还会三折九扣。学科范围的拓展以及学术热点的转移,促使新一代学者需要读很多新书;但即便如此,若干本专业的基本书籍,我以为还是非读不可的。

"必读书目"远比"文学经典"的范围大,可以伸缩,但不宜完全抛弃。承认社会阅历、生活体验、文化修养、审美趣味的巨大差异,导致学生们对不同的文学作品,有的极为痴迷,有的毫无兴趣。作为一般读者,"好看不如爱看",你愿意读什么都可以。但专业训练不一样,有些书是无论如何绕不过去的。单从写论文的角度,选冷门、读僻书,是比较容易出成果的。可太在意发表,容易剑走偏锋,不去碰大家或难题。长此以往,很可能趣味偏狭且低下。读书的人都明白,长期跟一流人物、一流文章打交道,是能提升自己的精神境界的。用老话说,这就叫"尚友古人"。

这就说到文学教育的目的,到底是培养有技艺、善操作、能吃苦的专门家,还是造就有眼界、有趣味、有才华的读书人。以目前的发展趋势,后者几成绝响。我常感叹,老一辈学者的见识远远超过其论著,而新一代学者则相反。这一点,聊天时看得最清楚。今天的学术界,不是"为赋新词强说愁",而是"为写论文强读书",基本上不读与论文写作无关的书籍,这实在太可惜了。围绕学位论文来阅读,从不走弯路,全都直奔主题,这不是"读书",应该叫"查书"。多年前我说过,我喜欢陶渊明的"好读书,不求甚解",而不太欣赏眼下流行的"不读书,好求甚解"。

当然,这里谈的是专业训练,而不是通识课程。而且,与"文学史""文学读本"并行的"必读书目",须仔细斟酌。若漫山遍野、大而无当,学生肯定不干,而且会追问:老师,你自己读过了吗?说到这,我必须提醒,"必读书目"不是要求你每本都认真阅读。有兴趣的朋友,不妨看看鲁迅的《随便翻翻》。

借助于不断更新的史家眼光与阅读趣味,将"经典阅读"与"随便翻翻"结合起来,或许可以更好地达成教学目标。

最后,请允许我回到"营盘"的意象。三十年前,具体说是1985年5月6日至11日,在北京万寿寺的中国现代文学馆举办了"中国现代文学研究创新座谈会",我代表钱理群和黄子平在会上提出"20世纪中国文学"的设想。此影响深远的论述,主要构思者是钱理群,我和黄子平起的是羽翼作用。但老钱说,这个会是专门为年轻人组织的,应该你发言。我们这一辈学者,好多人借助这次会议登上学术舞台,因此很珍惜此记忆。三十年后,又一次"营盘"交接,尽可能为年轻人提供更好的学术环境与精神氛围,是我们义不容辞的责任。

(初刊 2015 年 12 月 1 日《北京青年报》)

第三辑 大学人物

"学者百年"与"百年学者"[1]

北京大学中文系教授、著名文学史家王瑶先生1914年5月7日出生于山西省平遥县道备村,若健在,今年刚好满百岁。很可惜,王先生1989年冬外出参加学术会议,12月13日病逝于上海华东医院,至今已四分之一个世纪。

在学术史上,毫无疑问,书比人长寿。随着时间的流逝,作者的身影越来越模糊,而好书的魅力,则很可能穿越时空,被后人永远记忆。日后的读者,与作者本人没有任何直接联系,可以更真切、也更超越地看待这些著作。因此,人走得越远,书的大致轮廓以及学术价值,将呈现

---

[1] 此乃作者2014年5月7日在北京大学召开的"精神的魅力——王瑶与二十世纪中国学术"研讨会上的开场白。

得越清晰。

王瑶先生去世，众弟子与友人同心合力，先后刊行了七卷本的《王瑶文集》（太原：北岳文艺出版社，1995年）和八卷本的《王瑶全集》（石家庄：河北教育出版社，2000年），将王先生存世的学术著作、散文随笔、来往书信，乃至历次政治运动中的检讨等，基本上全部收入。此外，还先后刊行若干王先生生前编定或主持的著作，如《润华集》《中国文学纵横论》《中国现代文学史论集》《中国文学研究现代化进程》等。

这回纪念王瑶先生百年诞辰，除了筹备学术会议、发表专业论文，再就是出版以下三书：第一，选择最能代表王瑶先生的眼光、学养、才情与学术个性的《中古文学史论》，请天津师范大学高恒文教授与我合作，重新校订，交北大出版社制作精美的典藏版，希望能诱发公众阅读、对话、收藏的热情；第二，孙玉石、钱理群编《阅读王瑶》，同样由北大出版社刊行，此书精选二十五年来有关王瑶先生的回忆文章与专题论文，兼及其"为人但有真性情"与"治学犹能通古今"；第三，温儒敏、陈平原编《王瑶先生百年诞辰纪念论文集》收录了弟子、助手与北大中文系现代文学教研室教师的论文，以呈现王瑶先生指导学生及影响后人的学术薪传，这是三书中规模最大、制作难度最高的，由北京三联书店承担。三书的编辑十分尽职，紧赶慢赶，终于抢在纪念会前出版，送到与会代表手中。另有《中国现代文学研究丛刊》今年第三期发表高恒文、钱理群、解志熙等论文，今天的《北京青年报》刊出钱理群、赵园、陈平原的随笔及专访，《中华读书报》和《新京报》发表温儒敏、陈平原的短文，这一期《书城》上有吴福辉的怀念文章，此外，《文学评论》《北京大学学报》《现代中文学刊》等学术刊物，也正积极组织专题文章。对于上述报刊及出版社，王瑶先生家属及弟子们感激不尽。

2000年河北教育出版社刊行《阅读王瑶》，其"编后记"中有这么一句话："时间的流逝并没有将先生的足迹淹没，'王瑶的意义'已经成为现代思想、文化、学术史上的一个课题，引发了后来者的不断追念、思考与论说。"当初编书的设想是"帮助年轻的朋友了解王瑶的'人'与'学术'，走近他的世界"，这回的《阅读王瑶》也不例外，收入韦君宜、夏中义、陈徒手等人文章，目的是从"百年中国读书人"的角度，来思考作为个案的王瑶的意义。

随着时间的推移，我们之谈论王瑶先生，怀念的色彩越来越淡，思考及反省的意味越来越浓。无论看人还是看事，站得远有站得远的好处，就像唐人王维《山水论》说的，"远人无目，远树无枝"，不再拘泥于细节，要的是"大势"，借此判断是否"特立独行"或"气韵生动"。因此，相对忽略某书某文的得与失，更加关注其跌宕起伏、五彩斑斓的一生，理解他的得意与张扬，也明白他的尴尬与失落。

只是这么一来，标尺必定越定越高，评价也将日渐严苛。而我以为，这样谈论王瑶先生，符合他作为清醒的学者的立场。记得在编写《中国文学研究现代化进程》时，王先生再三强调，我们是在做历史研究，不是写表扬信，也不是撰墓志铭。那本书的作者大都是研究对象的徒子徒孙，很难避免为尊者讳的积习，因此王先生特别警惕这一点。可惜的是，王先生过早去世，没能耳提面命，故最终成书时，评价尺度还是偏宽。其实，几乎所有近现代中国学术史方面的著述，都有这个问题——犹以弟子或友人所撰者为甚。

王先生去世已经二十五年了，作为友人、弟子或后学，我们依旧怀念他，但落笔为文，基本上已经将其作为历史人物来看待、辨析与阐释。对于文人学者来说，去世二十年是个关键，或从此销声匿迹，不再被人提及；或闯过了这一关，日后不断被记忆。因为，当初那些直接接触你的人已逐渐老去，不太可能再为你呼风唤雨；而年轻一辈只能通过书本或档案来了解，很难再有刻骨铭心的感受。这学期我在北大讲"中国现代文学学科史"，学生们听了很激动,说没想到师长们的学问是这么做的。可我很清醒,感动是一时的,有些细微的感觉无法传递,更不要说承继了。在这个意义上,我们今天在这里谈王瑶先生,大概是最后一次混合着情感、学识与志向的公开的追怀了。

毫无疑问,今天的大会,是此次纪念活动的重头戏,这么多师友及后学赶来,缅怀那已经远去了的老师,或老师的老师的老师,这让人感慨万端。最近这些年,我参加了好多学者的百年诞辰纪念活动,感动之余,常常想,为什么是"学者百年",而不是"百年学者"呢?真希望我们能将此类纪念活动与百年中国学术史、思想史、教育史的思考结合起来,而不仅仅是表彰与怀念,更包括直面危机与教训,或者发潜德之幽光,由此获得前进的方向感与原动力。

(初刊 2014 年 5 月 7 日《新京报》及《映像》2014 年第 6 期)

八十年代的王瑶先生

著名文学史家、原北大中文系教授王瑶先生（1914—1989），其作为学者的经历，大致可分为三个阶段。第一阶段，清华十年（1943—1952），即从考入清华大学文学院中国文学部师从朱自清（及闻一多）攻读硕士研究生，到受聘清华大学教员、讲师、副教授。此前的王瑶，于1934年入读清华大学中国文学系，在学期间，积极参与左翼文艺运动、秘密加入中国共产党、担任第45卷《清华周刊》总编辑；抗战全面爆发后，王没有随大学南迁，而是回家乡平遥，经过一番痛苦的挣扎，方才于1942年9月在西南联大复学，一年后大学毕业并考上研究生，从此走上了学者之路。国立西南联合大学的本科生统一管理，研究生则分属北大、清华、南开三校，故本文以入读研究生为王瑶"清华十年"的起点。

1952年9月，因全国性的院系调整，清华文科各系并入北京大学，王瑶成了北大中文系的副教授，1956年晋升为教授。这第二阶段含十年"文革"，一直延续到1977年年底。二十五年（1952—1977）间，王瑶偶有春风得意，如1954—1958年任全国政协委员、《文艺报》编委等；但更多的时候被当局视为自私自利者、落后分子、走"白专"道路的典型、反动学术权威，一遇政治运动必挨批斗，写检讨成了家常便饭[1]。

至于学者王瑶的第三阶段（1978—1989），之所以从1978年说起，那是因为，当年3月王招收硕士研究生，从800名考生中录取了7人，从此以讲学为主，兼及个人著述与社会活动，一直到1989年病逝。

若此说成立，谈论王瑶生命形态三阶段，可分别对应现代中国的学术史、思想史、教育史。考虑到从学术史角度表彰王瑶的《中古文学史论》和《中国新文学史稿》，或从政治史立场辨析五十至七十年代北大教授王瑶"丰富

---

[1] 参见陈徒手《文件中的王瑶》，《故国人民有所思——1949年后知识分子思想改造侧影》，178—193页，北京：三联书店，2013年5月；钱理群：《读王瑶的"检讨书"》，《中国现代文学研究丛刊》2014年3期。

的痛苦"以及"挣扎的意义",学界已多有论述[1],本文拟从"八十年代"中国大学重新崛起这一特定视野,辨析王瑶的生命特征及存在意义。

三代人的共同舞台

所谓"八十年代"的中国,无论官方还是民间,一般都从1978年说起——那年5月,《光明日报》发表《实践是检验真理的唯一标准》,引起持续大讨论,史称"思想解放运动";那年12月,中共十一届三中全会召开,确立了解放思想、实事求是的思想路线,否定了"以阶级斗争为纲"的错误口号,决定把全党及全国人民的注意力转移到现代化建设上来。值此千钧一发的"关键时刻",教育界发生了两件大事:那年2月,"文革"后恢复高考的第一届大学生(即"七七级大学生")入学;那年9月,"文革"后招收的第一届研究生走进校园——后者毕业时适逢国务院批准了《中华人民共和国学位条例暂行实施办法》(1981年5月20日),包含学士、硕士、博士三级学位的

---

[1] 参见《王瑶先生纪念集》,天津人民出版社,1990年;《先驱者的足迹——王瑶学术思想研究论文集》,开封:河南大学出版社,1996年;《王瑶和他的世界》,石家庄:河北教育出版社,2000年。

中国学位制度从此建立。就在此"八十年代"的大舞台上,65岁的北大教授王瑶信心满满地登场了。

如此叙述,面临一个困境,即对八十年代中国"青春勃发"的记忆,必须重新定义。在我看来,那时的中国,刚从十年浩劫中走出来,整个社会意气风发、生机勃勃,如此"美妙的春光",不只属于"年轻的朋友们"[1],更属于全社会。真是千载难逢的好时光,整个社会具有高度共识,立场及境遇迥异的人,基本上都对未来充满憧憬与期待。对于学界来说,凝固多年的"时间"开始解冻,"春风"真的"又绿江南岸"了。于是,学术舞台上,三代人同时翩然起舞——既有二三十岁的大学生,又有四五十岁的中年教师,更有六七十岁的老学者。

90年代中国学界有句戏言,称中国大学乃"33—55—77",意思是说,1933级、1955级以及1977级的大学生,因其特殊经历(参与"一二·九"运动及全面抗战、反右及大跃进、"文革"及上山下乡),日后在政治或学术上多有优异表现。这种说法很有趣,但不太靠谱。我更愿意将其理解为30年代、50年代以及70年代末入学的大学生,

---

[1] 借用80年代初唱遍大江南北的流行歌曲《年轻的朋友来相会》(张枚同词、谷建芬曲)。

其特殊的政治阅历、学术训练、思想潮流及发展机遇，影响了其在"八十年代"中国舞台上的表现。有人初生牛犊不怕虎，有人拽住青春的尾巴荡秋千，有人则"发愤忘食，乐以忘忧，不知老之将至"。大家都希望"把被'四人帮'耽误的时间夺回来"，一时间，中国学界风起云涌，百舸争流。

王瑶也不例外，1980年元旦赋诗一首："叹老嗟卑非我事，桑榆映照亦成霞；十年浩劫晷虚掷，四化宏图景可夸。佳音频传前途好，险阻宁畏道路赊；所期黾勉竭庸驽，不作空头文学家。"[1]此等老年人表决心的诗句，前有唐人刘禹锡的"莫道桑榆晚，为霞尚满天"（《酬乐天咏老见示》），后有时贤叶剑英的"老夫喜作黄昏颂，满目青山夕照明"（《八十抒怀》）。考虑到"文革"刚结束时，叶剑英的声望如日中天，王先生的"元旦抒怀"明显受叶诗的启发。

"叹老嗟卑非我事，桑榆映照亦成霞"，如此诗句，很能凸显时代风气——不仅后生小子，连老教授也都奋起直追，希望有所作为。有趣的是，三代人挤在一起，居然不

---

[1] 见杜琇编《王瑶年谱》1980年则，《王瑶文集》第七卷，727页，太原：北岳文艺出版社，1995年。

觉得舞台太小，或必须以邻为壑。代与代之间，不能说没有矛盾，但那些磕磕撞撞均在可控范围内；而且，因可争夺的利益不太明显，大家都习惯于"向前看"。如此难得的机遇，很大程度受惠于十年浩劫造成了"白茫茫大地真干净"。

随着时间的推移，三代人因学养、精力、位置的不同，开始逐渐分化，寻找适合自己的道路。具体到王瑶，作为北大名教授、中国现代文学学科的创始人之一，在学界备受尊崇，终于可以昂起头来，旁若无人，口衔烟斗，骑脚踏车在北大校园里"横冲直撞"了。

真所谓"好花易谢"，几番风雨过后，充满激情、理想与想象力的"八十年代"终于落幕了。就在大幕落下的那一瞬间，具体说来，就是1989年12月13日，王瑶先生外出讲学期间病逝于上海。

王瑶去世后，不少报刊顶着压力，发表各种悼念文章。北大中文系、中国现代文学学会、《中国现代文学研究丛刊》编辑部积极筹划的《王瑶先生纪念集》，则于八个月后由天津人民出版社推出。老中青三代学者竞相撰写怀念诗文，除了个人情谊，更因很多人意识到这是一个时代结束的标志。故文章中的忧伤、愤懑与感怀，既指向王瑶本人，也属于那个特定时刻的精神氛围。

作为学者的遗憾

作为饱经沧桑的著名学者，80年代的王瑶，不用再写检讨，可以肆无忌惮地挥洒才华了。可很快地，王先生意识到自己心有余而力不足。对于人文学者来说，65岁并不是无法逾越的坎儿。1981年，王瑶在鲁迅诞辰一百周年纪念会上宣读广受好评且日后多次获奖的《〈故事新编〉散论》，一时意气风发。助手钱理群曾描述王瑶撰写此文时的精神状态："整整半个月，先生仿佛卸去了外在'角色'加于他的一切，沉浸在真正学者的单纯与明净之中。我不禁从旁欣赏起来，并且受到了深深的感动。我多么希望将此刻的先生永远'定格'，并且想，如果先生终生处于这样的'学者状态'，在他的笔下，将会出现多少天才的创造！但在我与先生相处的十多年中，这样的'状态'却仅有这一次。"[1]不仅写作状态，就以学术水平而言，这也是王瑶晚年最有光彩、最见功力之作。我要追问的是，在王瑶笔下，为何这样的"大文章"没能一而再、再而三地出现？

---

[1] 钱理群：《从麻木中挤出的回忆——王瑶师逝世一周年祭》，《王瑶和他的世界》，173页。

世人都说王瑶晚年著述丰硕,成绩斐然,但这只是表面现象。在我看来,作为学者的王瑶,并没有尽力而为,以他的身体及精神状态,在80年代本该有更多精彩著述。这一点,须考虑当事人的自我期许及实现程度。不妨引两位知根知底的西南联大老同学的追忆文章为证。季镇淮在《回忆四十年代的王瑶学长》中称:"自昆明至北平六七年间,王瑶学长表现了学术上的努力和信心,累积深厚,识见敏锐,成绩卓著。在清华新西院,他对我说过,'我相信我的文章是不朽的'。这似乎是青年人出于一时的狂言,但若没有真实的见解和坚强的信心,能说出这句话吗?他的《中古文学史论》,由一而三,复由三而一,一印再印,为中外学术界所赞许,已经得起时间的考验,他的学术上的抱负和自信诚不虚矣。"[1] 朱德熙的《哭昭琛》提及王瑶很有幽默感,做学问"总带有点逢场作戏的味道",然后话锋一转:"我一直认为昭琛具备一个大学者应有的素质。要是环境更好一点,兴趣更专一点,他一定会做出更大的贡献。"[2] "文革"前二十多年的坎坷经历,属于大时代的悲剧,非个人意志所能改变;需要反省的是,"文革"后

---

[1] 季镇淮:《回忆四十年代的王瑶学长》,《王瑶先生纪念集》,21—22页。
[2] 朱德熙:《哭昭琛》,《王瑶先生纪念集》,12—13页。

这十几年，王瑶是否尽心尽力？

先看出书情况，依刊行时间为序。1979年，上海人民出版社重印作者略加校改的1954年版《李白》；1982年，陕西人民出版社重印1952年版《鲁迅与中国文学》，增加二短文及"重版后记"；1982年，上海古籍出版社重印1956年版《中古文学史论集》，新增《读书笔记十则》及"重版后记"；1982年，中国青年出版社重印作者略加修订的1956年版《中国诗歌发展讲话》；1983年，人民文学出版社重印作者略加修订的1956年版《陶渊明集》；1986年，北京大学出版社将棠棣三书合成《中古文学史论》，作者核校并撰"重版题记"。所有这些，都是小修小补，只能证明作者此前的努力。1979年，王瑶在孙玉石、乐黛云、黄曼君、王得后（德厚）的帮助下，修订1951年版《中国新文学史稿》；此修订本1982年11月由上海文艺出版社刊行，增加了作为"代序"的《"五四"新文学前进的道路》以及"重版后记"。整个80年代，王瑶新编撰的有以下三书：1983年编定、1984年8月由人民文学出版社刊行的《鲁迅作品论集》；1988年12月拟定目录并撰写"后记"，1992年9月才由中国社会科学出版社刊行的《润华集》；1989年7、8月间编定并撰写"后记"，日后收入1995年北岳文艺出版社版《王瑶文集》及2000

年河北教育出版社版《王瑶全集》的《中国现代文学史论集》[1]。十本书中，七种属于旧作重刊；《润华集》收录的是随笔，而《鲁迅作品论集》和《中国现代文学史论集》中的论文，也有不少撰写于"文革"前。这样的业绩，不算十分丰厚。

我在撰于1989年岁末的《为人但有真性情》中称："先生在学术上是有遗憾的，以先生的才华，本可在学术上作出更大的贡献。'文革'后先生曾有一个大的研究计划，可终因年迈精力不济而无法实现。他常说，1957年以前他每年撰写一部学术著作，1957至1977这20年却一部著作也没出版。大家都说耽搁了，可耽搁在人生哪一阶段大不一样，正当创造力最旺盛的时候被迫搁笔，等到可以提笔时却又力不从心，这种遗憾只有个中人才能理解。"[2] 写下这段话时，凭的是平日的印象。日后阅读收录在《王瑶文集》第七卷或《王瑶全集》第八卷的"王瑶书信选"，更坐实了我当初的猜测。

1979年8月31日，王瑶致信王德厚："我终日蛰居斗室，消息闭塞，又做不出事来，更无从谈质量了，承您鼓励，

---

[1] 1998年北京大学出版社刊行的《中国现代文学史论集》，是孙玉石应"北大名家名著文丛"邀约而另外选编的，与王瑶编定的著作名同实异。

[2] 陈平原：《为人但有真性情》，《王瑶先生纪念集》，278页。

至感，当勉力为之。但事实上自 1958 年被当作'白旗'以来，廿年间虽偶有所作也是完成任务，已无要打算如何如何之意了。蹉跎岁月，垂垂老矣，虽欲振作，力不从心。"[1] 1980 年 2 月 4 日，王瑶再次致信王德厚："我近来工作效率之低，并非耿耿于过去之挨批，确实精力衰退之故，每日应付日常琐事即感到再无力作事，虽欲振作，颇有力不从心之感，殊觉苦恼。"[2] 1982 年 10 月 13 日，王瑶致信石汝祥："如我之年龄，已甚感力不从心，效率奇低，提笔如'垂死挣扎'，不做事则等于'坐以待毙'，仍决定以勉力挣扎较好。"[3] 类似的话，王先生多次讲给身边弟子们及来访客人听，故各家追忆文章中多有提及。

不是真的写不出来，而是写出来了又怎么样？对于眼界很高的王瑶来说，既然没办法达成自己的学术理想，放弃又有何妨？苦于太清醒，王瑶明显知道自己努力的边界与极限，再也没有年轻时"我相信我的文章是不朽的"那样的狂傲了。只是深夜沉思，"心事浩茫连广宇"（鲁迅《无题》）的王瑶，自有一种旁人难以领略的悲凉之感。

---

[1] 王瑶：《致王德厚》，《王瑶文集》第七卷，635 页。
[2] 王瑶：《致王德厚》，《王瑶文集》第七卷，639 页。
[3] 王瑶：《致石汝祥》，《王瑶文集》第七卷，663 页。

作为导师的骄傲

同是"东隅已逝,桑榆非晚",80年代的王瑶,单就著述热情及努力程度而言,比不上哲学家冯友兰(1895—1990)或社会学家费孝通(1910—2005);其主要业绩及贡献,更接近古典文学界的程千帆(1913—2000)或王季思(1906—1996),都是运筹帷幄,悉心指导研究生,并从事学术组织工作。考虑到中国现代文学学科的特殊性,以及此学科在80年代思想解放运动中所发挥的作用,北大教授王瑶的工作因而更为引人注目。

举两位与王瑶关系密切的学者的文章,看他们眼中王先生的晚年。王得后在《王瑶先生》中称:"其实,王先生在最后的13年,做了大量工作。……两次出国讲学,一次赴香港讲学,在他个人的生平,也是'史无前例'的。培养了近十名中国现代文学硕士、博士研究生,他们新作迭出,苗而且秀。从80年代开始,长中国现代文学研究会整10年,主编《中国现代文学研究丛刊》整10年。"[1] 中间省略部分,是介绍王先生的诸多著作。樊骏的《论文学史家王瑶——兼及他对中国现代文学学科建设的贡献》

---

[1] 王得后:《王瑶先生》,《王瑶先生纪念集》,118—119页。

则更多从学科发展的角度立论："从 50 年代初开始的 20 多年时间里，中国现代文学学科所经历的一连串厄运，使它的发展建设往往成了一场场灾难。……晚年的王瑶为学科作出了更多建树，也得到了应有的尊重与声誉，最后 10 年的学术生涯称得上'夕阳无限好'。"[1] 这两位都不讳言王瑶晚年在个人著述方面的遗憾，但都强调其在学会、丛刊以及学科建设方面的贡献[2]。换句话说，关注晚年王瑶，或许必须将论述角度从"学者"转为"导师"。

80 年代的中国学界，承上启下，薪火相传，成了老一辈学者义不容辞的责任。而学位制度的建立，使得这种"苦心孤诣"成为可能。至于各种专业学会的建立，更是推动学术发展的重要契机。但是，并非所有导师都尽职，也不是所有学会都健康成长，这与主持其事者的心胸与眼界大有关系。不仅仅是组织才能或道德境界，更亟需某种战略家的眼光。这方面，王瑶有充分理由感到自豪。若谈 80 年代中国的"中国现代文学研究"，必定绕不过 1980 年 7 月王瑶在中国现代文学研究会首届年会上所做的专题演

---

[1] 樊骏：《论文学史家王瑶——兼及他对中国现代文学学科建设的贡献》，《王瑶和他的世界》，400—401 页。

[2] 樊骏撰有长文《在会长与主编的岗位上》，载《王瑶先生纪念集》，414—430 页。

讲,这篇《关于中国现代文学研究工作的随想》[1],对日后整个学科的健康发展有指导意义。与不少全国性学会陷入无穷尽的人事纠纷不同,中国现代文学研究会乃至整个中国现代文学界,整体风气是好的,这与王瑶等老一辈学者的言传身教有密切关系。

在这个角度,我才能理解那册除了讲话、就是序跋的《润华集》的意义。作者在"后记"中称:"谁都知道,中国现代文学研究工作开国以来走过了一条坎坷的道路,近几年才走上了学术研究的坦途,诸说纷呈,前景喜人。作为从事这项工作长达四十年的作者,对之不能不感到无限的欢欣。书名《润华集》,取'润华着果'之意,是蕴含着作者自己的艰辛经历和对这一学科的繁荣发展的祝愿这种感受的。"[2] 此文撰于1988年12月22日,一年后,王先生便驾鹤西行了。那些为后辈学者撰写的序言,有学理上的阐发,但更直接的作用是为新一代学者的崛起"保驾护航"。

这就是八十年代中国学界令人怀想的地方——三代学

---

[1] 王瑶:《关于中国现代文学研究工作的随想》,《中国现代文学研究丛刊》,1980年4期。

[2] 王瑶:《〈润华集〉后记》,《润华集》,257页,北京:中国社会科学出版社,1992年。

者同一个舞台,却没有发生大的碰撞;许多老先生很快调整姿态,不再坚持个人著述,转而成功地扮演伯乐或导师的角色。我记得很清楚,王瑶先生去世时,钱理群冒出一句很沉痛的话:"大树倒了!"活跃在大转型的时代,替无数后辈学者遮风挡雨,这样令人尊敬与怀念的"大树",属于那个时代诸多目光如炬且敢于直言的老教授。

或许是年龄的缘故,晚年的王瑶,喜欢谈论自己在清华大学念研究生时的导师,曾连缀旧作,增补新编,撰成了《念朱自清先生》和《念闻一多先生》。这两篇夹叙夹议的长文,并非一般意义上的文学批评,而是兼及古典与现代、诗文与学术、教育与思想、史实考证与个人追怀。《念朱自清先生》总共九节,断断续续写了近40年,我在《念王瑶先生》一文中曾清理此文各节的写作机缘及发表状态[1]。这里说说《念闻一多先生》。此文完成于1986年9月26日,同年10月6日在清华大学召开的第三届全国闻一多研究学术研讨会上宣读,初刊《中国现代文学研究丛刊》1987年第1期。可此文第一节"生命的诗"乃根据作者1946年8月25日发表在《文汇报》上的《忆闻一

---

[1] 陈平原:《念王瑶先生》,《当年游侠人——现代中国的文人与学者》,北京:三联书店,2006年。

多师》以及1949年7月16日刊于《光明日报》的《念闻一多先生》改写而成；第四节"说诗解颐"初刊1986年10月23日《新清华》及《北京大学》，第五节"治学风范"发表在1987年1月23日《厦门日报》上。添上了第二节"诗歌艺术"和第三节"诗歌理论"，才是完整的全文。为何如此大费周折，而不是一气呵成、一锤定音呢？这里有年龄与体力的因素，但更重要的是，作者几十年间始终在跟早年的导师进行精神对话，并由此推进自己对于现代中国教育及学术的思考。比如，《念闻一多先生》中这段话，日后被广泛引用："以前的清华文科似乎有一种大家默契的学风，就是要求对古代文化现象作出合理的科学的解释。冯友兰先生认为清朝学者的治学态度是'信古'，要求遵守家法；'五四'时期的学者是'疑古'，要重新估定价值，喜作翻案文章；我们应该在'释古'上多用力，无论'信'与'疑'必须作出合理的符合当时情况的解释。这个意见似乎为大家所接受，并从不同方面作出了努力。……闻先生的《诗经新义》、朱自清先生的《诗言志辨》都是在这种学风下产生的成果。我是深受这种学风的熏陶的。"[1] 这

---

[1] 王瑶：《念闻一多先生》，《王瑶全集》第5卷，657页，石家庄：河北教育出版社，2000年。

不仅是自报家门，更是进行学术史清理；有意无意中，开启了日后大学史研究的新思路。

《念闻一多先生》虽夹杂一些个人感慨，仍属专业论文，可文章结尾，作者突然话锋一转，提及眼下清华大学重建中文系，希望大家发扬闻一多风范云云。如何理解王瑶对于"清华学派"的论述，以及其立说的机缘、宗旨、边界及学理依据等，我在《大师的意义以及弟子的位置——解读作为神话的"清华国学院"》中有所辨析[1]。下面换一个角度，主要着眼于此说在教育史及学术史上的意义。

作为路标的意义

晚年的王瑶先生，除了中国现代文学研究的著述与指导，还做了两件未完工但前途无量的事。一是提倡学术史研究，二是为清华文科招魂。有趣的是，二者之间，其实存在着某种内在联系。

我在《大学者应有的素质》中提及："八十年代以后，渐入老境的王先生，并没把主要精力放在个人著述，而是

---

[1] 参见陈平原《大师的意义以及弟子的位置——解读作为神话的"清华国学院"》，《现代中国》第六辑，北京大学出版社，2005 年 12 月。

着力培养后进，以及推动学科发展。这种选择，其实蕴含着略显消极的'自我定位'：已经没有能力冲击新的高度。"只有一点例外，那就是激情洋溢地发起并投入《中国文学研究现代化进程》的编纂工作。在上述"出版感言"中，有这么一句："在我看来，学术史上的王瑶先生，除了中古文学研究和现代文学研究这早有定评的两大功绩外，还必须加上意识到但尚未来得及展开的学术史研究。"[1]

关于此书的缘起、体例、进程及遗憾等，我在《中国文学研究现代化进程》的"小引"中已做了详细说明，这里只想提及一点，此书的最初动因，乃王瑶在全国社会科学"七五"规划会议上的发言："从中国文学研究的状况说，近代学者由于引进和吸收了外国的学术思想、文学观念、治学方法，大大推动了研究工作的现代化进程。……从王国维、梁启超，直至胡适、陈寅恪、鲁迅以至钱锺书先生，近代在研究工作方面有创新和开辟局面的大学者，都是从不同方面、不同程度地引进和汲取了外国的文学观念和治学方法的。他们的根本经验就是既有十分坚实的古典文学的根底和修养，又用新的眼光、新的时代精神、新的学术思想和治学方法照亮了他们所从事的具体研究

---

[1] 陈平原：《大学者应有的素质》，《王瑶和他的世界》，536 页。

对象。"这段初刊中国社会科学院编印的《学术动态》第279期的"千字言",引起了很多人的兴趣,于是,有关方面动员他老骥伏枥,认领了这个最初名为"近代以来学者对中国文学研究的贡献"的国家课题[1]。王先生私下里表示,他最想探讨的是,为何百年来中国的文学研究格局越做越小,水平越来越低,以致让人有"一代不如一代"的感叹。如此逆耳之言,在当年的舆论环境中,属于"政治不正确",只能关起门来说。

此课题命运多舛,尚未渐入佳境,就碰上了大风大浪,随后便是主编辞世;最终能勉强完成,得益于课题组同人的鼎力支持。主编王瑶来不及撰写总序,只留下了基本思路及只言片语,这使得全书缺乏整体感,各章之间水平不太均匀。但此书有两点意想不到的效果,一是开启了九十年代的学术史研究热潮,二是凸显了清华文科的特殊价值。最初选择二十个案,定稿时只有十七章,而其中明显带有清华印记的(求学或教书),竟然占了八席(梁启超、王国维、陈寅恪、朱自清、闻一多、俞平伯、吴世昌、王元化)。考虑到求学与任教的差异,以及民国年间教授的

---

[1] 参见陈平原《〈中国文学研究现代化进程〉小引》,载王瑶主编《中国文学研究现代化进程》,北京大学出版社,1996年。

流动性，同一个案可重复计算；即便如此，体现在本书中的"学术图景"，清华的业绩在北大之上，这出乎一般人意料。

这就说到了《念闻一多先生》结尾的那句话："近闻清华大学又在筹建中国文学系"[1]。正是因清华复办中文系，使得曾在清华求学任教十几年的王瑶浮想联翩。关于王先生如何为清华复办中文系出谋划策，原清华中文系主任徐葆耕在《瑶华圣土——记王瑶先生与清华大学》中有详细的描述，值得参阅[2]。

不仅如此，晚年的王瑶，多次在私下或公开场合声称："我是清华的，不是北大的。"这句话，王瑶从未落在纸上，但身边的弟子及访客可以证明。明明大半辈子生活在燕园，王瑶为何坚持自己属于清华，这让学界很多朋友大惑不解。必须记得，说这话的前后，王瑶撰写了《念朱自清先生》和《念闻一多先生》二文。因撰文怀念师长，重新回到美好的青年时代，爱屋及乌，因而特别表彰清华的学风及文化，这是一种可能性。从21岁到39岁，这十八年间，王瑶与清华结下了不解之缘。至于后面的三十多年，不愉快

---

[1] 王瑶：《念闻一多先生》，《王瑶全集》第5卷，658页。
[2] 参见徐葆耕《瑶华圣土——记王瑶先生与清华大学》，《王瑶先生纪念集》，389—398页。

的岁月居多——即便没有那些阴影，北大生活也都不如清华岁月刻骨铭心。这是没办法的事情，要说对于母校的感情，学生远在教授之上。

说到王瑶对于清华的认同感，不仅因其"青春年华"，更因其"名山事业"。出版于 1951 年的《中古文学史论》不用说，另一部代表作《中国新文学史稿》，上册刊行于 1951 年，就连出版于 1953 年的下册，其完稿时间也是在 1952 年 5 月 28 日。此后三个月，王瑶方才转任北大教员。凡略为了解现代中国学术史的，都明白这两部书的分量及地位。因而，说清华时期乃学者王瑶的黄金时代，一点也不为过。相反，到了北大以后，虽也有不少撰述，但再也写不出"体大思精"的著作了。这是"事实"，但不等于"结论"。需要辨析的是，王瑶所遭遇的困境，到底是学校的问题，还是大时代的限制。假如没有院系调整，依旧生活在清华园里的王瑶，恐怕也未必有好的处境。让王瑶很不喜欢的、几乎让人窒息的学术氛围，与其说是"校风"，不如承认缘于整个国家的意识形态[1]。

当然，我不否认上世纪三四十年代北大中文系与清华中文系之间，在教育宗旨与学术风气上，存在着不小的差异。这点对于王瑶日后的论学与论政，确有一定的影响。在《从古典到现代——学通古今的王瑶先生》中，我曾谈及王瑶50年代批判胡适时所撰写的几篇谈考据学的文章，除了受时代风气影响，也蕴含着某种学派之争。"闻、朱二位虽都曾'像汉学家考辨经史子书'那样，专注于某些字和词的考据训诂；可都将其研究置于诗学、神话学或文化人类学的背景下。也就是说，这种蕴含着理论眼光与历史意识、近乎小题大作的'考据'，才是王先生心目中理想的文学史研究。这就难怪先生对胡适讲考据学'只不过尊重事实，尊重证据'的说法很不以为然。"[2]

青春记忆、师长追怀、个人遭遇，再加上治学路径的

---

[1] 这里不谈清华的"反右"与"文革"，即便拨乱反正后，依旧让老学生有"今不如昔"的感叹。资中筠的《清华园里曾读书》（《读书》1995年1期）说得比较隐晦，于光远的《大学者，有大师之谓也》（1999年3月10日《中华读书报》）则直截了当："怀念母校是个普遍的现象，人老了更觉自己青年时代之可贵。不过现在我怀念清华，还同自己的教育观点有关。我是个'昔不如今'论者，但坦白地说，如果我是一个要上大学的学生，要我在旧时和现时的清华中进行选择，我会毫不迟疑地选择前者。"

[2] 陈平原：《从古典到现代——学通古今的王瑶先生》，《王瑶和他的世界》，314—315页。

差异，导致了王瑶更为认同清华而不是北大。必须承认，"我是清华的"这一说法本身，带有某种策略性考量（如配合清华中文系的复建）；但更重要的是，王瑶谈论的其实并非北大、清华孰优孰劣，而是"老清华"与"新北大"的巨大差异。

作为长期生活在燕园的中国现代文学研究专家，王瑶对北大同样充满感情，这一点读孙玉石的《风雨燕园四十载》当能明白[1]。只是因痛感当下中国大学的精神状态及学术水平不尽如人意，王瑶于是进入历史，努力寻找一种较为理想的大学形态，自然而然地，他选择了自己熟悉的清华大学。明白这一点，对于王瑶用饱含深情且不无夸张的语调来谈论"清华学派"，也就释然了。

民国年间的清华大学，其文史哲各系实力雄厚，与北大文科之追求古雅渊深相比，显得更有朝气，也更有进取精神。但王瑶想做的不是"学科排名"，考虑到同一时期他在尝试学术史研究，且感叹中国学者一代不如一代，因此，不妨这么设想，他之极力为民国年间的清华文科叫好，某种意义上是在为老大学"招魂"。

二十多年前，无论王瑶本人还是整个中国学界，对"老

---

[1] 参见孙玉石《风雨燕园四十载》，《王瑶先生纪念集》，399—409页。

大学"的魅力并不敏感,也没有多少专门论述,只是隐隐约约感觉到,那个时候的大学生活更值得追怀。如今,混合着政治批判、史学视野与怀旧思潮的"大学史"言说,逐渐引起国人的兴趣,这个时候回想王瑶之提倡学术史研究以及表彰清华文科,方才悟出一种特殊的味道。回到那个未完成的课题以及那本《中国文学研究现代化进程》,我终于明白,需要认真清理的,不仅是"文学观念和治学方法",更是深受意识形态影响与制约的大学制度。

2014年4月23日于京西圆明园花园
(初刊《文学评论》2014年第4期)

作为山西学人的王瑶先生[1]

1989年12月13日王瑶先生去世，8个月后，天津人民出版社推出35万字的《王瑶先生纪念集》，如此"兵贵神速"，在当年特殊的舆论环境中，实属罕见。紧接着，便是北岳文艺出版社的朋友找上门来，游说师母编辑刊行《王瑶文集》，理由很简单：先生是山西学人。这话真好，简要、明晰。师母一点头，众弟子很快完成了任务。可说实话，这书到底能不能出版，谁也拿不准。王瑶先生有句流传甚广的名言：政协会上，不说白不说，说了等于白说，白说也得说。照此思路，这文集是白编也得编，反正迟早

---

[1] 此乃作者2014年5月9日在山西太原召开的"纪念王瑶先生诞辰百年暨学术研讨会"上的发言稿。

会派上用场。这套七卷本文集的"出版说明"写于1991年10月,而真正刊行却是1995年12月。中间碰到很多困难,政治的、经济的、学术的,但出版社最终还是闯过来了。说实话,这套书的校对、装帧及印刷均不太理想,但师母及我们弟子都很感激山西朋友关键时刻的"拔刀相助"。

无独有偶,这回纪念王瑶先生百年诞辰,先有山西的大型影像文化期刊《映像》提前起跑,去年7月就发表了《王瑶:学人风范 一代大家》(董树昌文,2013年第4期)的图文;后有山西省委宣传部副部长、省作协主席杜学文先生专程来到北京,和我商谈在太原举办学术座谈会事宜。二十多年过去了,敦厚且念旧的山西人,还记得他们远游未归的学人,这实在让人感动。

三十三年前的今天,不,第二天,也就是1981年5月10日,王瑶先生为山西省委宣传部文艺处编的《现代咏晋诗词选》(贺新辉、宋达恩选注,太原:山西人民出版社,1981年)撰写了序言,题为《三晋河山的颂歌》(载王瑶《润华集》,87—92页,北京:中国社会科学出版社,1992年)。序言中除了表彰此"诗化的'地方志'",更提及山西是他的出生地,多年游寓在外,很少回乡,不过就像鲁迅《朝花夕拾·小引》所说的,"思乡的蛊惑"还是会令人"时时反顾"的。王先生如何思乡,我不知道,只记得每年春节拜年，他都留老学生们吃饭，喝上几杯汾酒或竹叶青酒。王得后、钱理群、夏晓虹等能喝上几杯的，备受表扬；我则很悲惨，屡遭嘲讽，说不喝酒怎么学文学呀！我的辩解是：苏东坡酒量很小，诗不也写得不错？再说，为什么一定是汾酒呢？

偶尔听王先生聊聊山西的人与事，挺有意思的，可也仅此而已。说实话，先生去世前，我虽曾游历大同、五台山、太原，但对山西的历史地理、文化风俗等印象不深。那崇山峻岭、雄关大河，咏成诗篇十分壮美，可在现实生活中，却严重阻碍了经济及社会的发展。时至今日，对于很多人来说，讲文化创造是"北上广"，想旅游观光则"陕川藏"。如何让"养在深闺人未识"的"晋善晋美"广为人知，借力于从山西走出去的著名学者，未尝不是一个好办法。起码，我就是因王瑶先生而日渐关注这块"古代文化摇篮"以及现代史上的"风水宝地"。

1992年，严家炎先生为湖南教育出版社主编"地域文化与二十世纪中国文学"丛书，我忝列编委，出于私心，极力怂恿曾随王瑶先生攻读硕士学位的朱晓进接受"三晋文化"这个题目。为了增强说服力，我临时恶补了一阵子山西历史与文化。晓进兄不辱使命，其《"山药蛋派"与三晋文化》（湖南教育出版社，1995年）出版后，甚获学界好评。可惜王瑶先生早已去世，否则请他作序，他肯定会非常高兴——终于有一个学生关注他家乡的文学、文化与学术！当时，我甚至闪过一个念头，王瑶先生本人的治学路径，是否也与三晋文化有关？很可惜，这念头一闪而过，没再进一步深究。

我第二次来到三晋大地，是十年前。那年秋天，我与王德威、奚密、梅家玲等境外学者，应作家李锐、蒋韵夫妇的邀请，来太原及平遥旅游。平遥古城乃世界文化遗产，而且是王先生的家乡，当然值得赞叹。但还有一个地方我也很喜欢，那就是太原附近崛围山上的多福寺，那里有"傅青主先生读书处"。这么说，是因我别有幽怀。来太原前，我正根据2001年2月至7月在北大开设"明清散文研究"专题课的录音，整理书稿《从文人之文到学者之文——明清散文研究》（北京：三联书店，2004年）。傅山这一讲其实已经整理出来了，可不太满意；而太原之行更加深了这一印象，事情越想越复杂，论文越做越不顺心，最后决定暂时搁置——没想到这一搁就是十年。好在此前赵园已经出版了《明清之际士大夫研究》（北京大学出版社，1999年），书中多处论及清初北方遗民中"博雅与通脱足与江南人士比拟"的傅山，且有一篇题为《我读傅山》的附录。既然写不过师姐，那就干脆藏拙；一想到王先生弟子中，已经有人关注三晋文化了，我也就心安理得地当了"逃兵"。

两年前的5月，大概也是这个时候，我应邀为山西大学建校一百一十周年庆典做主题演讲。那篇题为《如何建立中国大学的独立与自信》的演讲辞，初刊2012年5月16日《中国青年报》，日后传播甚广。对于山西大学、河南大学、河北大学等没能进入"211"的大学所遭受的歧视，我到处打抱不平，呼吁教育部要不取消等级制，要不日渐扩大队伍，让人家有发愤图强的机会。离开山西大学时，我说了一句，若山大在学术上有需要帮忙的地方，我一定尽力；因为，我的导师王瑶先生是从三晋大地走出去的。可也只能做到这一步，正所谓"秀才人情纸一张"。

这次山西行，在山西大学刘毓庆、郭万金教授的陪同下，我们参观了太原双塔寺、洪洞广胜寺、黄河壶口瀑布，以及阎锡山的克难坡等，都很精彩；但给我留下最深印象的，反而是离王家大院不太远的千年古刹资寿寺。我们到达时已近黄昏，庙里面格外宁静，面对那漂泊多年、好不容易回家的十八罗汉头像，真是百感交集。

后两回的山西行，朋友们都劝我带点山西特产回去，让文化记忆与味蕾同在。李锐让我们每人带回一小箱子山西醋，我路近没有问题，奚密路远，回到美国后发现，皮箱里的衣服全都"醋意浓浓"。因碰上了山大一百一十周年校庆，校方郑重其事送给我两瓶30年的陈酿汾酒。夏晓虹舍不得独自品尝，带了一瓶到台北与同样喜欢饮酒的林文月先生共赏。可到了那里一看，酒只剩下大半瓶了。我开玩笑说，这就是我理解的山西——确实有好东西，可就是不会包装。

"酒香不怕巷子深"的时代早已过去了，如今，听从"晋善晋美"的召唤，越来越多的中外客人前来山西旅游。这当然是大好事，可我还想添上一句——山西除了有好山好水好风光，还有很多值得关注的人物，就比如我的导师王瑶先生。

（初刊2014年6月8日《文汇报》及《山西文学》2014年第7期）

患难见真情

——追记两种王瑶图书的刊行

在太原召开的"纪念王瑶先生诞辰百年暨学术研讨会"（5月9日）上，我第一个发言，特别感谢1990年推出《王瑶先生纪念集》的天津人民出版社和1995年刊行《王瑶文集》的北岳文艺出版社。会场上，见到了依旧风风火火的董大中先生，马上想起当初在镜春园王先生家中商谈出版《王瑶文集》的往事，赶快上前致谢。

回京后几天，读谢泳发表在《中华读书报》（5月14日）上的《〈王瑶文集〉出版旧事一则》，提及原山西作协《批评家》主编董大中如何为《王瑶文集》的出版四处奔走，寻找经费，很是让我感动。只是文中称"董先生编好《王瑶文集》后"如何如何，不太准确。这套七卷本大书的"出版说明"写着，编辑小组由孙玉石等十六人组成，陈平原编第一卷，钱理群编第二卷，温儒敏编第三卷，吴福辉编第四卷，钱理群编第五卷，王得后编第六卷，最吃重的第七卷由钱理群、王得后、樊骏合编。此"说明"也提到,《王瑶文集》的编辑出版,除了中国现代文学研究会、中国现代文学馆、北京大学中文系,还得到了"山西晋中行政公署有关领导和同志的鼎力支持"——这"同志"应该就是董大中,至于"领导"云云,读谢文方才晓得是原山西晋中行署专员孙庚午先生。弟子为老师编文集,那是天经地义,没什么好说的;倒是董先生、孙先生为出版乡贤著作"两肋插刀",让我铭感在心。

说到王先生去世八个月后推出的《王瑶先生纪念集》,必须感谢两位幕后英雄。该书的"编后记"称:"中国民主同盟中央、沈阳市电视台广告部为促成此书的出版慨然给予热情赞助",那是因为,北大中文系毕业生、原辽宁大学中文系教授、时任沈阳市副市长的张毓茂为此书的出版筹措经费。此书的编辑小组成员包括孙玉石、杨犁、樊骏、李福田、王得后、钱理群、吴福辉、陈平原等,杨乃中国现代文学馆馆长,孙、樊等为王先生弟子,值得特别留意的是李福田先生,他才是此书得以问世的主要推手。

李福田先生乃天津人民出版社的资深编辑,在上世纪80年代促成了很多现代文学研究著作的刊行,在学界口碑很好。他不是社领导,但有学识,很仗义,《王瑶先生纪念集》之所以能迅速推出，很大程度得益于他的敢作敢为。今天看来没什么，可在那个特殊年代，刊行这册"百感交集"的图书，是要承担很大风险的。

都说编辑这一行是"为他人做嫁衣裳"，很容易被日后成为名家的作者的光芒所淹没；但好编辑的"雪中送炭"，也可能让作者感念一辈子。

2014年5月17日于京西圆明园花园
（初刊2014年5月21日《中华读书报》）

学术史视野中的王瑶先生
——答张丽华博士问[1]

张丽华：我们先从王先生的著作开始谈吧。您在回忆文章里提到，在见到王瑶先生之前，很早就读过《中古文学史论》，当时对这部著作的感受如何？对作者有什么样的想象？

陈平原：我的阅读有很大的偶然性。我的父亲是中专的语文老师，家里有王先生很多种书，所以，早在"文革"期间，他的书我就看过好几种。这本书，我最初翻看的是删节本的《中古文学史论集》，但是，虽然读过，其实根本读不懂。《中古文学史论》的写作风格，对于非专业的

---

[1] 此乃作者 2014 年 4 月 24 日下午在北京大学人文学苑 1 号楼接受北京大学中文系讲师张丽华博士专访的录音整理稿。

读者来说是有障碍的，它明显是一本面对专家的著作，因大量密集地排布资料，最后才是一个结论。初学者能读懂的，只是一个基本思路。我在读大学之前，根本没有这个知识准备，当时能读懂的，只是一般的文学史。即便后来我到了中山大学念本科、硕士，在进入北大读博之前，其实都不能说读懂了这本书。

我来北大前夕，恰好王先生应邀要去日本演讲，那时我刚通过入学考试，他说我给你布置一个作业，做一个这几十年来中古文学研究状态的综述。趁这个机会，我又重新读了一遍，那时才比较有感觉。在我看来，王先生《中古文学史论》在 40 年代达到很高的水平，50 年代以后，中古文学并不是研究热点，不说停滞不前，但起码缺少突破性的发展。我就此做了一个综述，交给先生，先生表示满意。

张：如果放在中古文学研究的脉络里，王先生这本书大概是一个什么样的位置？

陈：中古文学研究，要说大的阶梯，最早有刘师培 1917 年的北大讲义《中国中古文学史》，接着是 1927 年鲁迅在广州撰写了《魏晋风度及文章与药及酒之关系》，再接下来就是王先生的这本书了。其间还有一些单篇文章很精彩，如宗白华的《论〈世说新语〉和晋人之美》，陈寅恪的《陶渊明之思想与清谈之关系》等。王先生其实是在那时候读书人普遍关注晋人之美，关注魏晋风度，关注中古文学生活的精神氛围中，从事自己的研究的。王先生的同学范宁在回忆文章里就说，西南联大时期，中文系的研究生几乎全做中古研究，范宁自己做魏晋小说，季镇淮做"观人论"，王先生做文学思想。这个问题，我后来曾分析过：对于抗战中撤退到大后方的读书人来说，中古的魅力某种程度在于南渡的心境。

张：在王瑶先生的学术师承里，我们一直强调王先生对鲁迅的继承。这方面有没有被后来的叙述夸大的可能呢？

陈：早年王瑶先生在清华编辑《清华周刊》的时候，是一个左翼文人的身份，他那时就写过几篇关于鲁迅的文章。"文革"结束后，他再三强调与鲁迅精神上的以及学术上的联系，是有一个大的背景的，那就是整个社会对鲁迅的崇敬。就左翼立场以及对知人论世的"世"的感觉而言，他和鲁迅确实是相通的，《文人与酒》《文人与药》这两章，一看就是从鲁迅那篇文章发展而来的。学术上，王先生肯定受到了自己的导师朱自清先生的影响。但他和朱自清确实不一样，王先生对具体的文辞不是很感兴趣，诗文及审美不是他所擅长的。他偏于历史，所以他讲人心、世道、思想、潮流等时，更为本色当行。

有一个问题，我之前也提到，但没有深入讨论，那就是怎么看待他与陈寅恪的关系。王先生《中古文学史论》背后的思路明显是偏史的，其中最精彩的是对那个时候的士人生活及精神状态，还有思想潮流与文学表达的论述，这个论述背后有陈寅恪的影子在。尤其是谈陶渊明的那些篇目，非常明显。当年西南联大校园里，那些关心中古的研究生们，是如何阅读、理解、接受陈寅恪的著述的，这个问题现在还没有很好的探讨。

张：1950年代之后，王瑶先生开始转向现代文学研究。王先生转向的契机，以及您认为王瑶先生能够成功转向的基础是什么？

陈：王先生自己有过论述，是学校要他开现代文学的课，他才转向的。做检讨的时候他再三说，当初觉得研究现代文学不能"成名成家"，还是希望能从事古代文学研究。在我看来，这个表述是有缺陷的。我在谈王先生的学术史意识时说过，解放后，他如果继续做中古文学研究，也就这个样子了。其实，他的转型有外在的压力，也有内在的兴趣。这个兴趣基于几点：第一，他曾经是个左翼文人。第二，他对鲁迅非常崇拜。现代文学这个学科，尤其是50年代以后，鲁迅神话支撑起整个学科的半边天。第三，他受朱自清先生的影响。在1929到1933年间，朱自清在清华大学讲过"中国新文学研究"这门课，并留下了系统的讲义，王先生手头有这份讲义，后来，1978年钱理群这一届研究生进来，他把讲义交给赵园去整理，发表在上海的《文艺论丛》上，王先生还因此专门写了一篇文章。

对王先生来说，之所以转向现代文学，有外在的压力与诱惑，加上"诱惑"两个字，可能更合适些。对一个敏感的学者来说，这的确是一种新的可能性，他必须思考：整个社会转型以后，如何安身立命？其次，还有内在的知识准备和学术史意识，导致他非常容易转过来。假如真有抵触情绪，他不会那么快地完成《中国新文学史稿》。他在1949年开课，1951年出"史稿"的上册，下册是1952年6月22日完稿，1953年出版。三年之内，完成一个学科的奠基性著述，这种工作热情，很能说明问题。王先生晚年谈到对清华的怀念与迷恋，再三强调，"我是清华的，不是北大的"，其中一个重要原因是，他的两部主要著作《中古文学史论》和《中国新文学史稿》，都是在清华完成的；他最好的学者生涯，是在清华。

张：说到这两本书，我对其中述学文体的变化特别有感触。从《中古文学史论》到《中国新文学史稿》，文体截然不同。短短几年，述学文体就发生这么大的变化，这里面是否有当时"毛文体"的影响？

陈：其实，对于人文学者来说，对话的对象某种程度上决定了你的风格及水平。王先生写《中古文学史论》的时候，他所面对的历史资料以及研究成果，从中古到现在，非常丰厚，并且他对话的对象是中古文人，所以其论述风格简要、质朴、古奥。而新文学是另外一种对象，需要另一种论述方式。

至于"毛文体"，虽然1949年后左翼文化成为主导，但王先生和那种解放区过来的文人学者不一样，不能说他深受"毛文体"的影响；他受到的是30年代左翼文化的影响。左翼文人的白话文，基本上是一种翻译体，夹杂不少刚译介过来的马列文论的术语，还有苏联文艺理论的影响。王先生《史稿》的论述风格，是从这里来的。毛泽东的文体相对干净、简单、有力，虽然后来被大家所重复模仿而成为陈词。

还有一个因素，今天我们可能不太能理解。新中国成立初期，最关键的学校不是北大、清华，而是1948年8月成立的华北大学，此大学1950年10月改名为中国人民大学，那是从延安的陕北公学发展而来的，根正苗红，更为新政权所信赖。清华教师王瑶写《史稿》这本书的时候，某种意义上也是在转换立场，是在学习一种新的语言、文化、政治表述。后来王先生检讨说，他当时觉得理论上没把握的，就引用权威的话，从周扬到冯雪峰到胡风等等，可没想到这些人后来一个个倒下去了。

张：这本《史稿》后来的命运如何？

陈：《史稿》上卷第二版的《修订小记》很有意思。我后来看王先生的检讨书才知道，上卷出来后，《文艺报》开了一个会，批评很严厉。其中有一个观点，说这不是枝节问题，而是整个立场的问题。王先生接过来说：我的立场不行，理论没学好，要思想改造多少年后才能写一本新的，但是我把资料搜集好了，且按照我的思考排列下来，"它在目前阶段发生一点'填空白'的作用"。这表面上是一个非常谦虚的自我批评，但王先生说"我起码留下了资料"，这句话很重要。当初人家批评他，说很多东西不是你的，这边抄过来，那边抄过去，引一个马克思，又引一个高尔基，还有鲁迅，引了一大堆别人的话，这算什么学问；但是在王瑶先生心目中，生活在大转折时代，不能保证路线是正确的，但起码资料留得下去。这是古典文学研究的思路。日后王先生还说了一句话：唐人选唐诗，即便后来的人觉得有错误，但它留下了一个历史的印记，让我们知道那代人是怎么思考的。

1950年代在他之后出版的各种新文学史稿，如丁易的、刘绶松的、张毕来的，在打倒"四人帮"以后，基本上都不能看了，但王先生的书还值得参考，这是他聪明的地方。新时代的意识形态尚在形成中，我们不能判断它的未来走向，也没有强大到自己独树一帜的地步，那就采用这个办法，保留了基本的学养和资料，让后来人在这个地方往下走。当初纯粹做现代文学的，大都相信某一种理论、旗帜或立场特别正确，拿过来就用，冲锋陷阵，大胆砍杀，留下很多遗憾；而王先生表面上"东拼西凑"的那个"史稿"，反而留了下来。这跟他在西南联大受过比较好的学术训练，即使转移学术阵地，他的史识及学养，使得其论述相当谨慎，褒贬之间，很有节制，故多年后还能读。

《史稿》从1954年起就不能再印了，而且被当作反面典型；每有政治运动来，王先生必检讨《史稿》的写作。直到1979年，这书的名誉得到恢复，王先生才开始请人协助修订，重新出版。

张：后来您和钱理群老师、黄子平老师提出"二十世纪中国文学三人谈"的课题，是否有和《史稿》进行对话的意思？

陈：当年研究中国现代文学的权威，最主要的三位学者是王瑶、李何林、唐弢。唐弢虽然也主编现代文学史，但他主要做鲁迅研究以及新文学的史料整理，李何林是做左翼文学运动及鲁迅研究，对整个中国现代文学有史的整体性的思考的，是王瑶先生。我们出来挑战，肯定会影响到王先生的权威性。

"三人谈"刚出来的时候，在学界引起很大的反响。王先生第一担心我们骄傲，第二那时乍暖还寒，怕有人会打压，所以他自己先站出来批评我们。他说你们的论述有世界主义的倾向，中国现代文学在民族文化中的根基这方面论述不够。刚改革开放的时候，出于意识形态考量，经常批判"全盘西化"。王先生特别担心我们被卷入，因为当时的文学潮流及学术倾向，往往和政治风潮纠合在一起。很多人认为是代际的差别导致王先生对我们提出批评，按照老钱的说法，王先生是"老奸巨猾"的，他知道自己先站出来说，别人就不好意思多说了。

张：关于文学史研究，王瑶先生有一个很有名的判断：

文学史既是文艺科学又是历史科学。刚才您也提到，王先生自己的研究偏于历史。樊骏先生在《论文学史家王瑶》一文最后部分谈到，王先生晚年对这种偏向有一个反思：把一切的价值放置在历史流里去判断，是不是也会有所遮蔽？其实北大的现代文学研究，也在很大程度上传承了王瑶先生这种偏于历史研究的趣味与传统。对于这种偏向的得与失，您怎么看呢？

陈：我进入北大念书时，中文系文学专业还有四位老先生健在：林庚、吴组缃、王瑶、季镇淮。其中，王瑶和季镇淮先生偏史，林庚和吴组缃先生则偏文。孙玉石老师曾回忆说，王先生和吴先生一起开会的时候会互相吹捧：一个是史学修养，一个是文学趣味。理论上这二者应该兼得。北大中文系的好处是，这两种路向都各有信徒，各有受众，都能被接受，都能被欣赏。

"五四""文学革命"之后不久，新文化人就开始整理国故了。这一思潮的整体思路就是使"文学研究"成为学问，要想使它成为学问，一定会往考据、历史这方面走，因为从审美角度来说，往往很难形成定论。这个问题我上课时经常提及，它有优势，也有缺憾：优势是强调整体性，突出史学品格，缺憾是对审美的层面有所忽略。清代的戴震说过：大国手门下不出大国手，二国手三国手门下反而可能出大国手。为什么呢？大国手的气场、学养、威望，不知不觉会给学生造成巨大的压力，很容易使下面的人不能反思，更不敢反叛；可要是都照着老师的路子走，学问必定越做越小。聪明的导师不会管得太死，会释放一些空间给有才华的学生，让他们自由发展。王先生指导学生是因势利导，有的管得很紧，有的则基本不管。

作为学者，王先生是有比较大的眼光和胸襟的；但从他的整个著作来看，比起同时期北大学者林庚、吴组缃来，王先生缺乏艺术的敏感，所以他往史的方面走。这里有大学制度问题，有北大清华的学风差异，也有个人性情的因素。

张：您在《中国文学研究现代化进程》一书的"小引"中，充满感情地回忆了王瑶先生晚年开启这个学术史研究课题的情形。您最近也在写关于八十年代王瑶先生的文章。可否就此谈一谈王先生这个课题背后的一些思考？

陈：关于这个课题，王先生最初想追问的是，我们20世纪中国的人文学者为什么一代不如一代？梁启超、王国维开启的学问格局是很大的，可为什么后来越做越小？王先生研究古代文学，他知道看一个时代的学术成就，不是小时段，应该是中长时段，像清代300年是个什么状态。有的时代天才成批出现，有的时代则一个都没有；若生活在后一种时代，所谓了不起的"大家"，其实也没什么了不起。最初的设想很简单，那就是王国维、梁启超那代人是在传统的学术氛围里熏陶出来的，同时又满腔热情地拥抱了西学；而上世纪30年代之后，我们逐渐专业化了，不仅中外文学截然分开，文史哲也都楚河汉界了，这些因素导致我们的学问格局越来越小。一开始注意的是方法与学养，可随着研究的深入，发现问题远比这复杂。

最近这篇论文，我讲80年代的王瑶，将他的学术史研究和"我是清华的，不是北大的"对照起来看。那时清华想重建中文系，向王先生请教，王先生强调清华中文系是"复办"而不是"新建"。讲"复办"，那是因为我们有很精彩的传统。所以，他开始思考并论述"清华学派"，在这个过程中，强调自己的清华出身，有策略性的考虑。还有就是我刚才所说的，作为学者王瑶的黄金时代，是清华十年，那是他最辉煌的时段。到了北大，前面二十多年老挨整，真正过舒心日子是到了70年代末才开始。在学术上，王先生是有遗憾的。他老跟人说，你一定要把大的东西在60岁之前做出来，不然的话，后面你会心有余而力不足的。"文革"结束后，你别看他很风光，其实心里颇为悲凉。不管是书信还是谈话，他再三表达这样的意思：要写的话是"垂死挣扎",不写的话则"坐以待毙",与其坐以待毙不如垂死挣扎,那我就再写一点吧。可我算了一下,1978年,王先生才65岁,就说力不从心;今天老钱都75了,还活蹦乱跳,做很多事情。主要不是身体状态,而是心境的问题。经历过长期的思想改造与洗脑,那代人其实是很悲苦的。我记得80年代广东有个画家叫廖冰兄,他画了一幅漫画,某人被迫长期蹲在大瓮里面,习惯了,等到思想解放,把瓮打碎了,但是他再也没办法挺直腰杆站立起来。80年代的王瑶,在北大、在学术界都是备受推崇的,别人给他戴了很多高帽,说他多么了不起。只有若干熟人或近在身边的学生,才能深切体会到他的遗憾。他40年代写《中古文学史论》时跟季镇淮说过:"我相信我的文章是不朽的。"他那时是多么硬朗、乐观、自信,晚年的王瑶,我相信他知道自己没能完成年轻时的自我期待。

张:《中国文学研究现代化进程》(初编)中没有刘师培,是否有"影响的焦虑"?

陈:不是这样。当初王先生的思路是凸显20世纪中国学者的自觉选择,即兼及中西。因此,不收传统的文史学者。那时他觉得章太炎和刘师培是传统学者,日后随着研究的深入，我们发现，章、刘本身也深受西方学术的影响。当初"二十家"的设计就是这样的，有缺陷，但并非"影响的焦虑"。这二十家中，选择王元化争议很大，很多人认为王元化不是古典文学研究专家，他只有一本《文心雕龙创作论》（日后更名《文心雕龙讲疏》）；但王先生坚持这么做，其基本立场是：王元化用西方文学理论、马克思主义立场来解读《文心雕龙》，为这个古老的学科带入了新的视野，因此他代表了一个方向，一种新的可能性，那就是既要有国学根基，又有西学修养，还得有足够的想象力和创造力，这才是一个好的学者。王先生甚至说，让王元化殿后，这样做很好，这书因而有了一种方向感。王元化先生也很认真，这篇文章前后换了四个作者，有的写不出来，有的写出来了但不理想，王元化先生说他来处理。

张：王瑶先生被朋友们断言，"除了是学者……还是一位不搞政治的政治家"，您怎么看王瑶先生的"政治"情怀，以及这种"政治"情怀对他学术研究产生的影响？

陈：王先生研究中古文学，深受《世说新语》影响，有魏晋文人的风范。他特别喜欢跟友人及学生聊天，经常语惊四座。大家一鼓掌，他就更得意了，因而有很多精彩语录留下来了。比如"上课是马克思,下课是牛克斯,回到家里是法西斯",此类流传广泛的隽语,还有好多。后来挨批判,他自己反省,说好逗小聪明。本来是逗趣、好玩,但一上纲上线就很麻烦了。可这是《世说新语》中人的趣味。与此相关的是政治及学术上的敏感。他能从《人民日报》的字里行间读出很多言外之意,然后迅速推进,并作出自己的判断。可这些东西,猜对了又怎么样?好友朱德熙先生说他做学问带有点游戏的意味,还说他对政治过于热衷,如果不是这样,学问会做得更大。后来的人为了维护王先生的形象,再三辩驳,说他这是有意为之,且无碍学问。但我是认同朱先生的看法的。

张:是不是出于这个原因,王瑶先生才会花很大精力去做现代文学学科的一些组织工作,比如学会和《丛刊》?

陈:不能说他在学会或《丛刊》上花了很多精力,故影响个人著述。他的好处是识人,且能用人。比如,学会的事,大都是樊骏在管,他很放心。80年代以后,王先生意识到自己学问的界限,开始将精力转移到扶植年轻人。当然不只王先生,当时一大批老学者都是这样的。你看王先生的《润华集》,三分之二是序,给弟子辈的乐黛云、孙玉石、蒙树宏、吴小美、黄曼君、黄侯兴、钱理群、吴福辉、温儒敏等等写序，目的是扶持，让后辈尽快成长起来。王先生去世的时候，老钱说了一句话，让我很震撼，那就是：大树倒了。生活在那个风云变幻的时代，大树的存在，可以为年轻学者遮风挡雨。大树倒了，下面一代学人就必须直接面对各种困难，这困难有政治上的，有学术上的，也有人事上的。当然，也会促使他们尽早成熟。

（初刊2014年5月7日《北京青年报》）

与程千帆先生对话[1]

客厅里挂着程千帆先生书赠的"掬水月在手,弄花香满衣",常有不熟悉的访客误认为我是程先生的学生。很遗憾,不仅没能"程门立雪",因专业上的差异,我连"私淑弟子"都算不上。对于程先生,我只是个热心读者,站在很远的地方,观赏与赞叹。程先生生前,我只拜访过一次;但先生去世后,我却与之展开了持久且深入的"对话"。

这么说并非自抬身价,而是我坚信学术史上的"薪火相传",靠的不是高山仰止的"问学",而是站在同一地平

---

[1] 此乃作者2013年10月12日在南京大学召开的"程千帆先生百年诞辰纪念暨程千帆学术思想研讨会"上的发言稿。

线上的"对话"。记得临毕业时,王瑶先生这样开导我:"今天我们是师生,好像距离很大,可两百年后,谁还记得这些?都是 20 世纪中国学者,都在同一个舞台上表演。"这个意思,我曾在北大中文系的开学典礼上说过(参见《同一个舞台》,2004 年 9 月 8 日《中华读书报》),目的是打破国人以资历论学问的陋习,努力养成不卑不亢做学术的姿态。反过来,对于前辈学者来说,能够吸引众多后来者与之展开持久且深入的对话,那可是巨大的成功。依我浅见,去世二十年,无论作家还是学者,都是个重要的关卡。因最初的哀痛与追怀已经过去,公众的评断日趋客观公正,不再夹带感情色彩。而且,评价的标尺明显拉升,你已经进入历史了,就必须与无数先贤一起争夺后辈读者的目光,能否"永垂不朽",某种程度取决于你有无介入当下话题的能力。

程先生 2000 年 6 月 3 日在南京逝世,一个月后,我在北京整理自家随笔,编成了《掬水集》(天津:百花文艺出版社,2001 年)。在此书的序言中,我谈及当初去南京拜谒程先生的经过:"套用王国维的名言,学人如古诗词,也是'有境界自成高格'。研究文学的人,多少总有点'文人气'。当我品评当世学人时,除专业成就外,还另有一杆秤,那就是其为人是否'有诗意'。当今之世,'有诗意''有境界'的学者越来越少,这也是我愿意千里走访程先生的缘故。记得那天先生情绪特佳,取出精心写就的条幅,边听我和作陪的及门弟子品评,边仔细题款并用章,一脸怡然自得,样子煞是可爱。"这里所说的条幅,正是唐人于良史《春山夜月》诗句"掬水月在手,弄花香满衣"。在《文汇读书周报》开专栏,以及在百花文艺出版社出书,之所以都选用"掬水集",都是为了纪念程先生。

同年10月,我去东京大学探望正在那里讲学的夏君,随行带着六通程先生的书札,观赏之余,深有所感,撰写了《古典学者的当代意识——追忆程千帆先生》(《东方文化》2001年1期)。老一辈先生讲究礼节,收到后辈寄赠的书籍,一般都会稍为翻阅,且在复信中表扬几句。那些近乎客套的好话是不能当真的,但其中透露出来的学术理念,则值得认真品味。我辨析程先生评说《千古文人侠客梦》和《北大精神及其他》那两通书札,称"先生的'关注当代',不只是古今贯通,还兼及了'雅俗'与'南北'"。通"雅俗"的说法,有程先生的直接表述,应该不会有太大的争议;至于通"南北",则更多的是我对程先生信札的引申发挥:

> 南北学风的差异,"古已有之",而且,说不上"于

今尤烈"。只是由于《新青年》与《学衡》的对立，隐含着东西、新旧、激进与保守等文化理念的冲突，很长时间里不被公正对待。一旦涉及此现代思想史上的南北之争，很容易由绵密的学理分辨，一跳而为明确的政治划线。半个多世纪的"扬北抑南"，以及近年开始出现的"扬南抑北"，都是基于南北学术水火不相容的想象。在承认"东南学术，另有渊源"的同时，我想提醒关注问题的另一面，即南北学术之间的沟通与融合。

我在文章中提及，王瑶先生与程千帆先生的治学路数不太相同而又能互相欣赏，可视为所谓的"南北学术"走向沟通与融合的象征。

从1996年到2009年，我在北大为中文系研究生讲了四轮专题课"中国文学研究百年"，其中有一讲，因自知学力不足，始终不敢整理出来发表，那就是"抒情诗的世界"。在《作为学科的文学史》的"后记"中，我专门提及此事。这一讲，除了描述20世纪中国学者研究古典诗词的大趋势，更着重讨论了游国恩（1899—1978）、闻一多（1899—1946）、林庚（1910—2006）、程千帆（1913—2000）四位学者的贡献。关于程先生，我主要从考据与诗情的张力这一特定角度,谈论其如何"披文以入情"。当初讲课的效果不错,可阅读诸多程门弟子怀念老师的文章,发现我确实没有资格谈论程先生的"诗学历程"。

不谈"诗学",那就换一个角度,从"教学"的角度入手,尝试与程先生对话。2006年春季学期,我为北大中文系研究生开设"现代中国学术"专题课,其"开场白"日后整理成《"学术文"的研习与追摹》,初刊《云梦学刊》2007年1期,后收入增订本《当代中国人文观察》(北京大学出版社,2010年)。此文主要讨论五个问题:第一,关于"学术文";第二,何谓"Seminar";第三,作为训练的"学术史";第四,什么是"中国现代学术";第五,学术文章的经营。其中,谈及自己之所以"摒弃'通史'或'概论',转而选择若干经典文本,引导学生阅读、思考,这一教学方式,除了老北大的经验外,还得益于程千帆先生的《文论要诠》"。推介过程先生的课程设计以及《文论要诠》(即《文论十笺》),追忆当初赴宁拜访,谈及我准备编"中国现代学术读本",程先生大声叫好,还特地推荐了章太炎的《五朝学》,说这是大文章,好文章,一定要入选。

身为教师,我深知对于学生来说,课堂比教科书更重要。只是因文字寿于金石,声音却随风飘逝,因此,学术史家一般不太关注那些以讲学为主的好老师。有感于此,我撰写了长文《"文学"如何"教育"——关于"文学课堂"的追怀、重构与阐释》，初刊《中国文学学报》创刊号（2010年12月），后收入《作为学科的文学史》（北京大学出版社，2011年）。此文第四节"教授们的'诗意人生'"，着重讨论原中央大学及金陵大学的教授们如何讲授文学，多处引述了程先生文，除了作为史料，更表彰其兼及诗学与考据的批评方法与研究思路。结论是："执着于'诗意人生'的南京教授们，其专擅旧诗写作，对于从事中国古典文学教学，自有其优胜之处。"

今天南大隆重举行"程千帆先生百年诞辰纪念暨程千帆学术思想研讨会"，很多友人及弟子会有精彩发言，作为后学兼门外汉，我这回与先生对话的题目是"如何成为一个好老师"。在《古典学者的当代意识——追忆程千帆先生》中，我谈及："王瑶先生在世时，曾多次提及'程千帆很会带学生'，要我们关注南大这一迅速崛起的学术群体。"多年过去了，我也带过很多硕士生、博士生，体会其中的酸甜苦辣，此时回想，方才逐渐领悟王先生为何特别看重会不会带学生。

单从结果看，程门多才俊，这固然令人歆羡。可这里有大的时代背景，有匡亚明校长的慧眼识英雄，有周勋初先生的鼎力相助，不全是程先生一个人的功劳。不过我还是要说，作为学者兼导师的程先生，其视野开阔与见解通达，起了决定性作用。前者保证其高瞻远瞩，能为学生指明方向；后者使其不局限于自家的一亩三分地，允许学生纵横驰骋，自由探索。

其实，一代人有一代人的学问，当老师的，对于自己的学生，既不能过分漠视，也不能过多关爱，更不能过度役使。记得王瑶先生说过：已毕业的学生，我是不管的。他会关注你的脚步，关键时刻帮一把，但平日里不动声色，希望你自己往前闯。程先生的情况我不太了解，但我注意到，他的学生多有出息，但并非一个个"小程千帆"。这是十分可喜的局面。学问有传人，这固然很好；但如果弟子只会依老师的样画葫芦，那也没出息。说到底，上一辈人的才情、学识与成功，是无法复制的。

记得王瑶先生去世的时候，我的师兄钱理群说了一句"大树倒了"。那时我阅历不够，体会不是很深。二十多年后，我也成了老教授，突然间发现，自己虽也能做点学问，却无法像王先生、程先生那样撑起一片天，为后辈学子遮风挡雨。念及此，深感惭愧。

2013 年 9 月 21 日于香港中文大学寓所
（初刊《古典文学知识》2014 年第 1 期）

结缘河南大学与任访秋先生[1]

先从我如何与河南大学结缘,以及阅读任访秋先生著作的感受说起。1992年9月,我兴冲冲跑来开封出席"19—20世纪中国文学思潮"讨论会。会议围绕刘增杰主编的《19—20世纪中国文学思潮史》(河南大学出版社,1992年)展开讨论,其中第一卷《悲壮的沉落》(关爱和)和第四卷《战火中的缪斯》(刘增杰)深获好评。前者看得出师承,明显有任访秋先生筚路蓝缕的印记;后者则因作者长期从事抗战及解放区文学研究,有丰厚的学术积累(此前已出版《抗日战争时期延安及各抗日民主根

---

[1] 此乃作者2013年9月14日在河南大学召开的《任访秋文集》出版首发式暨任访秋学术思想研讨会上的发言稿。

据地文学运动资料》[合编,1983]和《中国解放区文学史》[1988])。

那次研讨会不要求提交正式论文,只是现场参与讨论,因此没留下学术上的印记。可我事后将那次出游的日记整理成《南游书简》,先在报上刊载,后收入汉语大词典出版社1996年版《书生意气》,以及上海书店出版社2009年版《走马观花》。其中两则日记涉及此次会议:一说开幕式及大会发言,"听了十分钟,便退场'方便方便',顺带观赏校园去了";一说"昨天傍晚,会议主持人找我,命我今天发言",于是如何披挂上阵。当初为何提前退场,除了年轻气盛,听不惯官样文章,还有就是对主席台的布置很不以为然。多年后,我在文章中提及此事,主要是批评中国大学里的官场做派,竟然渗透到学术会议上的"排座次":

> 据说大的原则是:先实职,后虚衔,再退休,以官阶大小为序。此外,还有一个不成文的规矩,那就是上级部门优先。前年5月参加山东大学组织的"回顾与展望:中国人文研究再出发"人文高端论坛,主持人第一个介绍的是教育部社科司出版处处长,而后才是山大校长、山东省教育厅厅长等。看我大惑不解,

知情人称，人家虽只是个处长，可一开口就代表了教育部。我问：要是来了个全国人大或国务院的科长呢，也必须奉若上宾？记得二十年前，我参加河南大学组织的"19—20世纪中国文学思潮"讨论会，年纪轻轻的教育部某处长端坐中间，而会议发起人、83岁高龄的任访秋教授则坐在长长的主席台的最边角上。那时我年轻气盛，跑去责问主办方，得到的答复让人啼笑皆非：任先生虽曾任河南省第五、六届政协副主席，但现在已经退下来了。事后我问那位处长：你坐在中间感觉如何？人家很尴尬，说是河南大学的安排，不容他推托。二十年过去了，真没想到，中国大学还是这个样子。（《大学小言·嘉宾之介绍》，《新京报》2013年7月20日）

很可惜，那次会议上，除了礼节性的问候，我没有多向任访秋先生请教。

两年后，也就是1994年3月，我和夏晓虹应郑州三联书店的邀请，在"郑州越秀学术讲座"上演讲，而后转往开封，访问河南大学。河大校方很客气，除了请吃饭，还给了我兼职教授聘书。可拿回家再看才发现，聘书上有印章，但没日期，很容易被认为是假冒，害得我不敢拿出来炫耀。

  此后是否还来过河大讲学，我忘记了。不过最近这两年，我与河大的缘分日渐加深。2011年10月21—24日，我与关爱和、王德威合作，在开封市政府及河南大学的鼎力支持下，组织了"开封：都市想象与文化记忆"国际学术研讨会。会议前夕——真的是前一天晚上，为河大学生做了场学术演讲，日后整理成文，就是初刊《汉语言文学研究》2012年1期、后被《高等学校文科学术文摘》（2012年3期）以及人大报刊复印资料《中国现代、当代文学研究》（2012年7期）等转载的《"现代中国研究"的四重视野——大学·都市·图像·声音》。这篇文章还因责任编辑的强烈要求，收入我去年在北京大学出版社刊行的《读书的"风景"——大学生活之春花秋月》。

  去年的3月25日，河南省政府主办的第二届中原经济区论坛在郑州国际会展中心举行，这回的主题是"华夏历史文明传承创新"，我有幸成为四嘉宾之一，作题为《中原崛起，何处是短板》的演讲，其中说了这么一段话：

> 除了大学少、毛入学率低，河南高等教育还有一个致命的缺陷：一亿人口的大省，居然没有一所国内一流大学。比起周边省份的中国科技大学、武汉大学、

华中科技大学、湖南大学、中南大学来，河南唯一挤进 211 工程的郑州大学，也不具有优势。去年 10 月，我与河南大学合作，召开"开封：都市想象与文化记忆"国际学术研讨会，方才得知这所曾经声名显赫的大学，不要说 985，连 211 都没进去。在学界工作的朋友都明白，进不了 211，意味着这所大学的教授与学生，要想做出好的业绩，必须付出加倍的努力。作为一所百年学府，1952 年院系调整后，河南大学一落千丈，此后历经沧桑，几多沉浮，最近二十年虽处上升通道，仍未能重现曾经的辉煌。（《同舟共进》2012 年 6 期）

会议刚结束，河南大学党委书记关爱和教授便打来电话，表扬我为河大"仗义执言"。他不知道，我还曾向有力人士建议，希望改变这种状态——可惜没有成功。不久前我在《新京报》（2013 年 7 月 27 日）上发表《大学小言·大学如何排名》，感叹目前中国大学之等级森严，"对于那些原本也很不错，但因各种原因没能进入 985（39 所）或 211（112 所）的大学来说，是很不公平的"——这其中特别提到河大等"原本基础不错且历史悠久的综合性大学"。我说，按中国的国情，要教育部收回成命不太现实，

"唯一的办法是,经过严格评审,逐渐增加211高校的数量,让那些奋发图强者看到'咸鱼翻身'的希望,并获得积极工作的动力"。

回过头来,再说说我在"开封:都市想象与文化记忆"国际学术研讨会上发表的论文《不忍远去成绝响——张长弓、张一弓父子的"开封书写"》,此文刊《文学评论》2012年2期,后收入北京大学出版社2013年1月版《开封:都市想象与文化记忆》。文中提及抗战烽火中河大教授仍坚持"著书立说",下面有个注:"读《任访秋先生生平著述系年》(任亮直编),感叹任先生从1940年起任教河南大学文学院,潭头、荆紫关、石羊庙,同样一路著述不辍,着实让人感动。参见沈卫威编《任访秋先生纪念集》240—248页,开封:河南大学出版社,2004年。"一般人不会留意,以为是很自然的事,殊不知我是借此"哀悼"我那胎死腹中的写作计划。

为开封会议撰文,我本想以李嘉言、张长弓、任访秋合作的《中国文学史讲授提纲》为起点,讨论现代中国各大学的学术传统,如何在一个特定时刻,于千年古都开封碰撞、融汇、拓展、变异。一个北京大学研究生(任访秋),一个燕京大学研究生(张长弓),再加一个西南联大研究生(李嘉言),这样高学历的配置,在当时各大学中文系中实属罕见。这三位毕业于名校的教授,因应1950年新河大的成立而合作撰写《中国文学史讲授提纲》,据李先生《序言》,第一至第五章先秦两汉部分系张长弓执笔,第六至第十一章魏晋至唐代部分李嘉言执笔,第十二至第十六章宋元明清及全书总结,则出自任访秋手笔。从这本小书入手,上挂下联,讨论解放前后中国大学的转型以及知识分子思想变化,想必是很有意思的。自以为这思路不错,可撞进去后马上发现,资料远远不足以支撑我的论述,除了人事档案看不到,好多事情说不清,更因为读了任访秋先生的《五十年来在治学上走过的道路》(1989),其中提及他在嵩县潭头镇的河大时期,曾撰写《中国现代文学史》:

> 1941年,按照大学文学系课程的规定,文史系设有"中国现代文学及习作"的科目,但一直没有开过,于是文甫师就同我商量,可否由我来开,我同意了。为了开好这门课,我不能不作充分的准备。我经常到上神庙河大图书馆,去翻检"五四"时期和20年代及30年代现代文学方面的期刊与作家们的论文和创作。河大在抗战爆发后不断地搬家,图书也随之搬家,幸而过去的期刊及大部分现代文学方面的书籍还保存了

下来。而比较重要的期刊,如"五四"时期的《新青年》《新潮》《少年中国》,以及 20 年代初几个文学团体的刊物,如文学研究会的《小说月报》《文学周刊》,创造社的《创造季刊》《创造周报》,以及语丝社的《语丝》、新月社的《新月》,30 年代的《现代》和左联的刊物《文学月报》,以及民族主义派的《矛盾月刊》等刊物,大半都找到了。我根据这些期刊,及后来赵家璧编的《中国新文学大系》及一些作家的诗文集,开始了我的《中国现代文学史》的编写工作。

这部"《中国现代文学史》讲义,在教学中陆续写成"。而且,上卷于 1944 年 5 月由河南前锋报社印行,印数 2000 册,黄修己《中国新文学史编纂史》(北京大学出版社,1995 与 2007 年[第二版])有评述(67—70 页);下卷 1956 年改为《中国现代文学论稿》,本确定由河南人民出版社出版,因作者被错划为右派,改由河南大学函授处发行,印数 5000 册。对于理解"中国现代文学"学科的建立,这当然是很重要的线索,从此入手寻幽探微,定然会有新发现。可这两本书我都没有见到,因此无从下笔;请教河大的朋友,说是收入《任访秋文集》,很快就要出版了。总算到了今年 7 月,这套十三卷本的《任访秋文集》

终于问世，可会议也过去两年了。

找不着任先生的多种著作，加上我认定，这么好的题目，应该留给任门弟子去做，他们比我更合适，所以我决定退出。另外，关于李嘉言先生，除了上海古籍出版社1987年版《李嘉言古典文学论文集》，可参考的东西也不太多。正在这时，张长弓、张一弓父子的"开封书写"进入了我的视野，于是当机立断，转移阵地。

为开封会议论文纠结了一段时间，因此得以拜读了不少任先生的著作，对其生平、贡献及学术思路颇多了解。除了那个意味深长的注释，还有就是此后我谈"中国现代文学学科史"，立场发生了一点微妙的变化。

2004年秋季学期，我在北京大学讲专题课"中国现代文学学科史"，解放后第一代学者，集中讨论活跃在北京学界的王瑶（1914—1989）、唐弢（1913—1992）和李何林（1904—1988）；2013年秋季学期，我在香港中文大学讲"中国现代文学学科史"，论及解放后第一代学者，我在王、唐、李之外，增加了河南大学的任访秋（1909—2000）和华东师大的钱谷融（1919—）。为什么这么做，钱先生的著作很少，但一篇《论"文学是人学"》（1957）引起轩然大波，测出了那个时代的气温与风向，值得格外关注。至于任访秋先生的主要贡献，在于将现代文学与近代文学相勾连。从事近代文学研究的，若想做得好，需要兼备古代文学的功底与现代文学的眼光。我注意到，任先生在北京大学读研究生时的毕业论文《袁中郎研究》（修订版于1983年由上海古籍出版社刊行），明显带有周作人的精神印记；而1940年鲁迅忌日在南阳《前锋报》刊载的《中国传统思想的叛逆者——嵇康、李贽与鲁迅》，又体现其贯通古今，兼及思想与文章的研究趣味。而这种眼光与趣味，日后落实在《中国新文学渊源》（河南人民出版社，1986年）、《中国近代文学作家论》（河南人民出版社，1984年）、《中国近现代文学研究论集》（河南人民出版社，1992年）等个人专著上。此外，任先生主编《中国近代文学史》（河南大学出版社，1988年）和《中国近代文学大系·散文集》（上海书店，1993年），以及在河南大学成立全国第一个近现代文学研究室（1982），其高瞻远瞩值得我们永远追怀。

2013年9月10日于香港中文大学客舍

（初刊《书城》2013年第11期）

再说夏志清的"小说三史"

获悉台湾"中研院"将召开"夏志清先生纪念研讨会",当即报名参加;只是一直拿捏不准,会议主旨到底是"纪念",还是"研讨"。二者虽有联系,但发言姿态不一样。主办方大概希望兼及理智与情感,故如此命名,可对于像我这样既认真又没有急智的人来说,则颇感为难。随着时间临近,议程表终于出来了,发现与会各位都没有论文题目,这才确认是以纪念为主。

不是老友或门生,连私淑弟子都算不上,我与夏志清先生(1921—2013)实际接触不多,主要是读其书,赏其文,然后遥想先生风流。1997年在哥伦比亚大学访学那四个月,多有请益;还有2005年10月参加"夏氏兄弟与中国文学国际学术研讨会",再就是2011年到哈佛及纽约大学参加学术会议，顺便登门拜访。正在思考如何落笔，先是台大教授梅家玲发来"夏氏兄弟与中国文学国际学术研讨会"上的合影，摆明她将谈及此事；后有妻子夏晓虹查阅当年日记，确认我们与夏先生交往的若干细节，且交代不能利用议程上的优势"捷足先登"。交往不能说，那我只能说读书了。

2010年联经出版公司刊行王德威主编《中国现代小说的史与学》，副标题是"向夏志清先生致敬"。据说夏先生拿到新书，兴奋之余，突然冒出一句：怎么只说我的现代小说研究？我提交给此书的旧作《中国学家的小说史研究》，倒是提及夏先生的《中国古典小说导论》，可惜限于文章篇幅及体例，只是点到为止。不过，无论公开场合还是私下聊天，我都曾认真表扬这部篇幅短小但别出心裁的"导论"。因为，导论性质的书不好写，需要高屋建瓴，举重若轻，还得于详略、取舍之中，凸显自家的眼光和趣味。其中分寸感的掌握尤其要紧，所谓高低雅俗，往往就在字里行间。

1997年春夏间，应美中学术交流基金会的邀请，我偕妻子赴美，在哥伦比亚大学东亚系做研究。因王德威教授的鼎力推荐，夏志清教授对"本家"夏晓虹及我非常热情，多次宴请，并出席我的学术演讲等。在这几个月的请益及交流中，我谈及自家阅读《中国古典小说导论》的感受，让夏先生大为快意。与国内外众多古典小说专家的立场不同，我因此前撰写《中国散文小说史》（初版题为《中华文化通志·散文小说志》），深知以有限篇幅，言简意赅地谈论"中国小说"这个大题目，不是件容易的事。谈到得意处，夏先生慨然允诺由北京大学出版社刊行此书中译本。只是日后因译者选择，以及如何协调新旧译本，面临一些实际困难，此事未能如愿。

2013年年底夏先生去世，获悉噩耗，第二天我便赶写了《追忆夏志清先生："小说三史"》（刊香港《明报》2014年1月3日）。为什么是"小说三史"？作为学者，夏志清最著名的著作无疑是《中国现代小说史》（*A History of Modern Chinese Fiction*）。此书特色鲜明，功绩显赫，常被中外学界及媒体挂在嘴上，自在情理之中。可在北大及港中大的课堂上，我都再三提醒学生们关注夏先生的另一部著作——《中国古典小说导论》（*The Classic Chinese Novel：A Critical Introduction*）。另外，上世纪80年代中期，我开始进入晚清小说研究领域，读夏先生的《新小说的提倡者：严复与梁启超》《〈老残游记〉新论》《〈玉梨魂〉新论》等，深受启示。我知道，夏先生还有若干谈论清代小说或清末民初小说的论文，只是散落在各种中英文的集子,若能集合起来,说不定能与"古典"与"现代"两本小说史"鼎足而三"。对于如此建议,夏先生连说"深得我心",只是有些篇章尚在酝酿中,不想就此打住。

很可惜,夏先生最终没能完成此书。但我相信,借助哥伦比亚大学出版社刊行的《夏志清论中国文学》(*C. T. Hsia on Chinese Literature*,2004),以及他的若干中文集子(如《文学的前途》《人的文学》《新文学的传统》),新编一册小说史论集,奉献给中国读者,还是可以做到的。

这或许真的是夏先生未完成的"遗愿"。为什么这么说?为参加此次会议,我翻箱倒柜,找到了夏先生三封来信,主要是商谈在北大刊行《中国古典小说导论》中译本的具体事宜。其中1997年11月5日长信最要紧,密密麻麻写了四页纸。此前我曾建议北大版《中国古典小说导论》添加若干近代小说论文,夏志清先生复信称——"谢谢你们把我的著作推荐给北大出版社。我自己曾在北大当助教一年(1946—1947),能在北大出书,更感到光荣。"继而感叹当初"没有写篇中译本新序,可引起国内读者对此书的注意,因此出版后未像《中国现代小说史》这样的受人重视,遗憾颇多"。下面谈及他对胡益民等译本的看法,希望采用他正在修订的联合文学出版社的译本。但话锋一转,又说考虑到联合文学出版社很可能出于销售考虑,不同意转让版权；而胡益民等译者当初在两岸隔绝的状态下，主动译介此书，很让他感动。于是，建议我北大版采用胡译本，再添上他准备撰写的新序。

1998年3月11日夏先生来信："此序早应该写出，《张爱玲给我的信件》仍在《联合文学》连载，我一心不能两用，待《信件》刊毕后，再写新序不迟。"除了自家新序，夏先生还拉上作家白先勇，请他为《中国古典小说导论》写篇文章——北大版有此二文助阵，"当可得到广大的注意"。同年6月12日，夏先生又有指教："好友白先勇已为台版《古典小说》写了一篇一万三四千字的推介之文，我已过目，标题为《经典之作》。届时我也把此文寄上，请兄代为发表。先勇在国内名气很大，拙著当可更引起学界注意也。"

可惜的是，夏先生晚年为编注《张爱玲给我的信件》（台北：联合文学出版社，2013年；武汉：长江文艺出版社，2014年）倾注全力，加上身体日衰，终于没能顾及旧书重刊事——时至今日，台版《中国古典小说导论》仍在校订中。

事情没办妥，但夏先生1997年11月5日信中谈及的新书构想很重要，值得大段引录：

安徽版《导论》一共 379 页，但注释部分字体太小，看起来太吃力，不妨用大一两号的字排印较妥。这样，全书当在四百页以上，算是一本相当厚重的著作了，似不宜再加别的文章。全书是一个整体，在同一段时间内写出的。我其他论中国小说的文章上除了大函上提到的三篇（严梁、老残、玉梨魂）外，还有其他诸篇，可以出本专书。有关古典、近代的有：

《隋史遗文》重刊序

文人小说家与中国文化——《镜花缘》新论

中国小说、美国评论家——有关结构、传统和讽刺小说的联想

Plake 红楼梦专著长评见哈佛学报

此外论汤显祖那篇也可放入。……

重读夏先生十八年前的大札，更加坚定我的信念，若能得到师母的支持，为夏先生编一册兼及古今的《中国小说史论》，自信是件大好事。

2015 年 5 月 5 日修订于京西圆明园花园
（初刊 2015 年 5 月 27 日《中华读书报》）

"活到老,写到老"的来新夏先生

我认识的长辈学者中,"活到老,学到老"的比比皆是;至于像来新夏先生那样"活到老,写到老"的,则如凤毛麟角。后者除了身体健康,还必须有良好的精神状态。我这里说的"精神状态",大致包含以下三种感觉,即布衣感、现实感、文体感。

进入耄耋之年的著名学者,耳边传来的,大都是或出自真心或基于礼貌的表彰,"德高望重"之余,很容易忘乎所以。这个时候,别过分追求"高大上",而是以平常心,结交趣味相投的晚辈,是保持晚年精神活力的关键。晚辈的学问或许不如你,但他们开阔的学术视野与锐敏的生活感觉,可以弥补你精力不足的缺憾。八九十岁还在开疆辟土,撰写鸿篇巨制,这不太可信;反而是点滴在心头的散文随笔，更能显示学养与才华。问题在于，抡得起开山斧的，不一定就捏得住绣花针。写惯了引经据典的专业著作，换一种文体，不见得放得开手脚。

幸运的是，来先生"三感"兼备，故在早年《近三百年人物年谱知见录》《北洋军阀史》《古典目录学》《方志学概论》《中国近代图书事业史》等专业著述之余，晚年还有《冷眼热心》《枫林唱晚》《一苇争流》《邃谷谈往》等随笔集问世。

我与来先生交往不多，主要是从其不断赠阅的随笔集中，读出其渊博的学问与不耻下问的性情。八年前，应邀为其祖父来裕恂先生《中国文学史稿》撰写序言（《折戟沉沙铁未销——新刊来裕恂〈中国文学史稿〉序》），书信往来中，更是深刻体会先生的儒雅与温厚。2010年的初春时节，商务印书馆为编辑出版《中华现代学术名著丛书》，曾在京郊召开专家座谈会，来先生和我都参加了。两天的会期，除掉正事，可以聊天的时间并不多。记忆中，来先生很活跃，谈笑风生，我只是礼貌性地拜访，交谈了几句。

当时以为，既然来先生才思泉涌，不断有新作问世，可见身体很好，日后有的是当面请教的机会。直到先生驾鹤西行，我才追悔莫及。好在"活到老写到老"的来先生著述俱在，随时可在书斋中拜访、请益。

2015年2月28日于京西圆明园花园

（初刊焦静宜编《忆弢盦——来新夏先生纪念文集》天津古籍出版社，2015年）

很遗憾,没能补好台

1999年5月,新浙江大学成立不久,金庸慨然接受邀请,出任浙大人文学院院长。2005年10月,金庸以年事已高及拟前往剑桥大学进修为由提出辞职,学校再三挽留,最终在2007年11月决定,改聘金庸为名誉院长(《金庸改任浙大人文学院名誉院长》,2007年11月25日[香港]《文汇报》)。就在这七八年间,金庸在浙大招收博士生一事,闹得满城风雨。相关报道一般都会提及金庸先在历史系招收隋唐史、中西交通史方向的博士生,后在中文系古典文学专业招收"历史和文学"方向的博士生,"后者则是和在浙大做兼职教授的北大中文系教授陈平原合招的一个博士点"(《金庸辞职的前前后后》,2005年1月6日《西安晚报》)。因我从不在媒体面前谈论此话题,因此,既未见"傍大家"的批评,也没有"不作为"的指责。

时隔多年,此事早已烟消云散,但我依旧"耿耿于怀":当初一片热心,只因个人能力有限,加上周边气氛诡异,最终没能帮查先生完成带出优秀博士生的心愿,实在遗憾得很。

这事得从2001年11月4日在日本神奈川大学举办的"历史与文学的境界"研讨会说起。在那个会议上,我发表《小说家的历史意识与技术能力》(2001年11月21日《中华读书报》),其中谈及:"作为小说家,金庸具备丰富的学识以及对于中国历史的整体理解与把握能力,确实难能可贵;可这不等于说,我们可以从史学家的角度来要求并评判查先生。"说这段话,是因为那时查先生在浙大历史系高调招收博士生,引起很大争议。我一方面表彰金庸小说的"大历史观以及灵活驾驭材料的能力",另一方面指出,"史学既有道的一面,也有技的一面"。文章结尾是:"我真希望查先生改招文学专业的博士生,而且专门讲授如何自由驰骋于'历史与文学之间'——这既是传统中国小说的精髓,也是查先生小说创作的不二法门。"明眼人一听都明白,如此兼及学术传统与个人意愿,是希望为查先生补台。

在我这只是一篇小文章,在浙大则认定是好主意,如此一来，可兼及各方的立场及利益。于是，经过一番紧锣密鼓的操作，浙大真的决定在2003年春夏招收中国古典文学专业"历史和文学"方向的博士研究生。考虑到我是始倡议者，且本来就是浙大的兼职教授，于是邀我与查先生合作招生。

说合作招生，并不是平分秋色，浙大以及我自己的定位都很清晰：以查先生为主，我只负责敲边鼓，打下手。教书是一种职业，带博士生也没什么稀奇，只是有些技术性的关卡必须把握。以我多年在北大教书的经验，以及相关领域的知识储备，这工作自信还是力所能及的。

学生招进来了，媒体也热闹过了，因事先说好一切查先生做主，我只是在第二年，具体说是2004年6月，专程到杭州讲学时，在人文学院领导的安排下，与三位博士生单独交谈。一个下午下来，我真的是出了一身冷汗。这里有社会各界的猜疑，有学校内部的矛盾，有学科文化的差异，再加上师生之间沟通不畅，既难为了查先生，也难为了这几个学生。照这样下去，在各种力量的夹缝中艰难挣扎的学生们，不崩溃就不错了，很难指望其很好地完成学业。

有感于查先生很忙，每次回杭州又被各种有力人物包围，不可能腾出很多时间具体指导学生的学业，我向浙大毛遂自荐：让这些博士生以交换生的身份，到北大跟随我一年半载，一来调整研究思路，二来准备论文，三来摆脱媒体的纠缠。这其实是模仿我在华东师大带博士生的做法，在技术上没有任何障碍。而且，我没要浙大一分钱，纯属"义务劳动"。

浙大最初很开心，觉得这是解决难题的最佳途径（其实他们也都忧心忡忡）。可新学期开学，我从浙大相关领导的支支吾吾中，大略知道事情有变。据说有人向查先生告状，认为把学生送北大一年，是对浙大学术质量的不信任，也是对查先生的不尊重。于是乎，大侠不高兴了。听闻此言，我赶紧打退堂鼓。本意是为查先生补台，怎么会变成拆台的呢？考虑到浙大绝对有能力培养好学生，我撤回相关建议，而且不再过问那三位博士生的论文写作。

真的是江湖风波恶，我古道热肠却又糊里糊涂，无意中蹚了趟浑水。事后才知道，关于金庸指导博士生一事，浙大内部吵成一团，很多人摩拳擦掌，更多的则冷眼旁观，我贸然闯进去，不但帮不了忙，还会成为活靶子的。幸亏及时觉悟，赶紧刹车，方能全身而退。

此后几次见面，查先生没提此事，我当然也不会自讨没趣。只是偶尔想起，还是觉得很遗憾的。若不是媒体鼓噪或有心人从中作梗，让我好好花点功夫，帮查先生培养几个专研"历史和文学"的优秀博士，对双方都是功德圆满的大好事。

可惜，由于我缺乏大智慧，加上时运不济，这一切都落了空。

2015年3月14日于京西圆明园花园

（初刊2015年8月1日《明报》及《明月》2015年8月号，收入《侠之大者——金庸创作六十年》，香港：大山文化出版社，2015年9月）